AF237864

GRAFEMÁTICA LATINA

Xaverio Ballester

Colección: Educació. Laboratori de Materials, 101

Este texto ha sido publicado en el marco de los programas desarrollados dentro de la «Convocatoria del Ministerio de Educación y Ciencia para la financiación de la adaptación de las instituciones universitarias al Espacio Europeo de Educación Superior» (septiembre de 2006)

Publicacions de la Universitat de València
https://puv.uv.es
publicacions@uv.es

Diseño de la cubierta: Celso Hernández de la Figuera

ISBN: 978-84-1118-633-9
Depósito legal: V-3800-2025

Impreso en España

ÍNDICE

Prefacio

El estudio de las escrituras comenzó a interesarnos ya en nuestra época de estudiantes. En el ámbito de la Filología clásica es inevitable encontrarse con modelos escriturarios no solo formalmente diferentes. Están primariamente los alfabetos griego y latino, pero en los aledaños de la disciplina encontramos también el modelo consonántico del fenicio, los hemialfabetos de las lenguas hispánicas prerromanas, el silabario micénico... e incluso escrituras o supuestas escrituras todavía por *descifrar*, bastante de estas en el cercano y amplio mundo lingüístico indoeuropeo. Consecuentemente, en nuestras clases siempre hemos intentado superar la tradicional visión meramente descriptiva del patrón escriturario seguido por esta o aquella lengua y adentrarnos en cuestiones que comporten no solo una mayor profundización en los detalles sino también una mayor amplitud de horizontes que permita valorar los múltiples implicaciones, lingüísticas y extralingüísticas, de los fenómenos escritos.

Cuando comenzamos a interesarnos de manera más seria por estos temas, ingenuamente, como ahora comprobamos, creíamos que en unos pocos años la Grafemática acabaría consolidándose como una disciplina científica, como un *corpus* doctrinal básico aceptado por la mayoría de especialistas y con muchos puntos abiertos al debate teorético por parte de las diversas escuelas que se irían formando. Lejos de aquella expectativa, lo cierto es que la grafemática todavía parece constituir una subdisciplina *in fieri*, periférica y muy minoritaria, una especialidad que parece seguir llamando a la puerta de las ordinarias disciplinas científicas y reclamar la mayúscula inicial que como verdadera ciencia le correspondería. También por ello, nos hemos decidido a redactar una visión sinóptica de nuestras ideas y aplicarlas a aquella escritura que, al menos por su cuantitativa influencia histórica, sin duda más merecía el empeño: el alfabeto latino.

Dada la dificultad de reproducir algunos signos gráficos antiguos o exóticos, el indulgente lector sabrá perdonar, entre otras cosas, el que a veces se haya tenido que representarlos por caracteres solo aproximadamente parecidos.

I. EL ESTUDIO GRAFEMÁTICO DE LA ESCRITURA LATINA

1. RELEVANCIA DEL ESTUDIO GRAFEMÁTICO DE LA ESCRITURA LATINA

La relevancia e interés de un estudio grafemático, es decir: de un estudio global y sistemático de la escritura latina como patrón o sistema sígnico de comunicación parecen evidentes al menos por las siguientes razones.

- Como objeto de estudio la escritura es un fenómeno en sí mismo cultural y socialmente de inmensa importancia sirviendo, por ejemplo, como criterio demarcador entre la historia y la [mal] denominada *prehistoria*.
- Cuantitativa y cualitativamente la escritura latina es en el mundo actual el modelo de mayor empleo. Ningún otro legado, ninguna otra aportación de Roma ha conocido el éxito y la extensión de su escritura. Unos dos mil millones de personas —es decir: aproximadamente la mitad de los que escriben— utilizan un patrón o modelo de escritura directamente heredado del latino.
- Disponemos de una excelente documentación sobre los avatares de la escritura latina desde sus inicios hasta la actualidad. Prácticamente ninguna escritura presenta una documentación tan extensa y completa como la latina. Cualquier estudio de Grafemática general encontrará necesariamente en la latina una de sus principales fuentes de datos.
- El estudio de la escritura latina es de especial importancia para el conocimiento de la lengua latina. Además, la reflexión sobre la lengua —y esto es especialmente cierto en el caso romano— comporta usualmente la reflexión sobre la escritura, ya que una y otra son entidades a veces apenas disociadas. VELIO Longo se preguntaba "si había que escribir como se habla o hablar según se escribe" (7,70 Keil: *ac loquimur scribendum sit, an secundum scriptionem loquendum*). Es significativa la imposición del término *ars grammatica* (*cfr*. griego γράμμα – grámma 'letra') para el estudio conjunto de ambas entidades.
- La lengua latina nos es básicamente conocida y accesible por su escritura, lo que equivale a decir que en realidad nuestro objeto de estudio más directo no es el latín, sino la *escritura* del latín.

- La civilización latina no pertenece a la categoría de cultura oral sino a la de cultura escrita. Y no solo eso: también como la lengua latina aquella nos es básicamente conocida y accesible por su escritura.

Al margen de ello no deja de admirarnos la escritura en sí como producto cultural humano. Por limitarnos a su manifestación más esencial en el caso latino: el alfabeto, podríamos recordar que este jamás dispuso de más de una treintena de *litteræ* y que, sin embargo, por ejemplo, toda la inmensa literatura conservada desde NEVIO y ANDRONICO no son formalmente sino simples combinaciones de esos pocos signos. Ese hecho ya fuera observado por CICERÓN: en su *De natura deorum* (2,93) el Arpinate muestra en polémica con los atomistas —en esencia porque estos creen que el lenguaje fue originado φύσει 'por naturaleza – de modo natural' y por su afición a parangonar letras y átomos (*uide* DESBORDES 1990: 113–134)— la improbabilidad de que una combinación casual de letras pueda producir un solo verso de ENNIO (LINDSAY 1963: 5). Y con razón, ya que existen, como sabemos, determinadas normas distribucionales rigiendo las posibilidades de combinación, aparición y frecuencia de los fonemas de modo tal que alejan de ellas casi todo el azar, lo que hace posible el empleo de la escítala o esos otros procedimientos criptográficos descritos por GELIO (17,9), pero también, en su caso, el desciframiento de los mismos.

2. TESTIMONIOS PRINCIPALES PARA EL ESTUDIO DE LA ESCRITURA LATINA

En los volúmenes de los *Grammatici Latini* de Heinrich KEIL (1961), donde se presentan muchos de los *De orthographia* antiguos, están recogidos casi todos los principales testimonios de los autores antiguos y relevantes para el estudio de la escritura latina. Al margen de los tomos de KEIL, hay que remitirse a las diversas referencias de CICERÓN o de QUINTILIANO, sobre todo en su primera *Institutio*, y a fragmentos o noticias de autores cuales VARRÓN, ACCIO, PLINIO el Viejo, GELIO o autores posteriores como San ISIDORO, CASIODORO, San BEDA o ALCUINO (KÜHNER & HOLZWEISSIG 1966: 12). A todo ello hay que añadir datos de otra índole, fundamental y naturalmente el examen directo de inscripciones, papiros o códices, esto es: el examen directo de la propia escritura romana.

Los antiguos apenas se ocuparon directamente de los que nosotros conceptuaríamos hoy como 'alfabeto' y poco de la escritura, sino más bien de la ortografía y solo tangencialmente de aquella. Para los antiguos el estudio de la *littera* comprende tres aspectos fundamentales:

- el *nomen* (ὄνομα) o nombre de la letra,
- la *figura* (τύπος) o forma gráfica y

- la *potestas* (δύναμις) o valor fonológico.[1]

De ello encontramos una ilustrativa asociación sinestésica en el gramático AUDAX o AUDAZ (7,325 Keil): *nomen quidem uoce proferimus, figuram oculis deprehendimus, potestatem mente cognoscimus.*[2]

3. EL ESTUDIO DE LA ESCRITURA LATINA

El estudio que se pretenda científico de la escritura latina no debe, nos parece, limitarse a ofrecer un mero listado de sus grafemas, comentando sus usos, cambios, vigencia o desaparición, limitarse al mero catálogo histórico o descriptivo de los signos, por más que la confección de ese catálogo presente problemas o precise de esfuerzo. Es menester presentar esos datos dentro una f o r m a l i z a c i ó n t e o r é t i c a, desde la cual todos aquellos avatares revelen la posibilidad de ser ofrecidos no como meros hechos sino también como productos de causas, contenedores de circunstancias y portadores de consecuencias. Sería deseable presentar los datos de forma tal que sean susceptibles de integrarse en una tipología sistemática, de manera, en suma, que auspicien el descubrimiento de leyes generales y también de las particulares e internas que dan cuentan no solamente del qué, sino también del cómo y del porqué del alfabeto latino. Pretensión no nueva: ya hace más de un siglo MOMMSEN (1887: 596 n1) se pronunció en favor de un tratamiento sistemático de la escritura.

4. LA PERSPECTIVA GRAFEMÁTICA

El estudio científico del alfabeto latino comporta, pues, una determinada perspectiva grafemática, comporta de alguna manera y *uelis nolis* una teoría general de la escritura. El problema es que, pese al interés despertado por la disciplina en los últimos años y los avances producidos, estamos aún lejos de una formalización teorética a veces siquiera somera sobre principios fundamentales y que pueda definirse como unánimemente aceptada. Ello no obstante, no es menos cierto que al menos sí existe algún consenso sobre las características epistemológicas y metodológicas exigibles a la disciplina. A la manera de la Lingüística —bien adjetivada usualmente como *general*— la Grafemática debe aspirar a explicar no solamente este o aquel patrón concreto de escritura, no *una* escritura, sino *la* escritura en sí, mostrando y explicando qué hay de común en los diversos modelos y qué de divergente, y atisbando, por ejemplo, o incluso prediciendo la implicación de fenómenos. También, en suma, deberíamos idealmente contar con una Grafemática general. En tal sentido la posibilidad de emplear método y material comparativos y la progresiva adquisición de datos tipológicos deben considerarse

[1] Véase, por ejemplo, Mario Victorino (6,5 Keil: *nomen est quo appellatur, figura qua notatur, potestas que ualet*) o Prisciano (2,9 Keil), quien define la *potestas* como *ipsa pronuntiatio*, o Máximo Victorino (6,194 Keil), para quien las *potestas* sería *qua in ratione metrica ualet* (*cfr*. ítem Cledonio 5,28 Keil).

[2] "ciertamente el nombre lo pronunciamos con la voz, la figura la captamos con nuestros ojos, el valor lo detectamos por la mente".

aditamentos más que aconsejables para las nuevas aproximaciones al tema. Es esto lo que hace pertinente y casi inexcusable la presentación generosa de datos y de materiales de otras escrituras e incluso, en su debido caso, de otros sistemas sígnicos de comunicación.

II. LOS RASGOS GRAFEMÁTICOS

1. METAGLOSIA

De modo general podemos postular que la escritura es autónoma pero no independiente de la lengua. Llamamos **metaglosia** a la dependencia de la escritura respecto a la lengua y a una lengua determinada. La escritura es uno entre tantos otros sistemas metaglóticos, de modo que, por ejemplo, una secuencia castellana como /kasa/ puede ser también diferentemente registrada según los diversos patrones de escritura (<casa κασα кaca [illegible]>), por medio de banderas marítimas, por el sistema Braille, por el sistema Morse (< –·–· ·– ··· ·–>), o mediante el alfabeto gestual de los sordos (<[illegible]>). En cambio, la mayoría de las señales de circulación, las de orientación de excursionistas, las de los ladrones de casa, la notación musical o la coreográfica no guardan relación alguna con ninguna lengua particular, no constituyen manifestaciones *metaglóticas*, aunque puedan coincidir con la escritura no solo en la afinidad de sus signos, sino también en el poder constituir un sistema de comunicación y presentar su propio código. No podemos registrar /kasa/ utilizando señales circulatorias o notas musicales. Así pues, esencialmente la escritura consistiría «en una simple trasposición de la expresión lingüística a la expresión gráfica» (ALARCOS 1965: 8).

Signo metaglótico
/a/ → latín <a>, griego <α>, devanágari <अ>, antiguo eslávico <[illegible]>, hebreo <א>, árabe <ا>, lenguaje de sordos <[illegible]>...

2. SEMIOLOGÍA Y METAGLOTOLOGÍA

Como sistema sígnico la escritura puede ser parangonada con cualquier otro patrón, modelo o sistema de signos de comunicación, por ejemplo, el de la lengua o el de las señales circulatorias. El estudio de todos estos procedimientos puede y debe, en la exposición del célebre lingüista Ferdinand DE SAUSSURE (1857–1913) y otros, ser abarcado por una disciplina general, la ciencia de los signos, la Semiología o Semasiología. Los sistemas sígnicos de comunicación —y ya sean metaglóticos o no— serían, pues, objeto de estudio de la Semiología.

Los sistemas metaglóticos —gráficos o no— serían, pues, objeto de estudio de la **Metaglotología**. *Sensu stricto*, corresponde a la **Grafemática** el estudio de los signos metaglóticos de la escritura, signos gráficos, esto es: en forma de trazos y de percepción

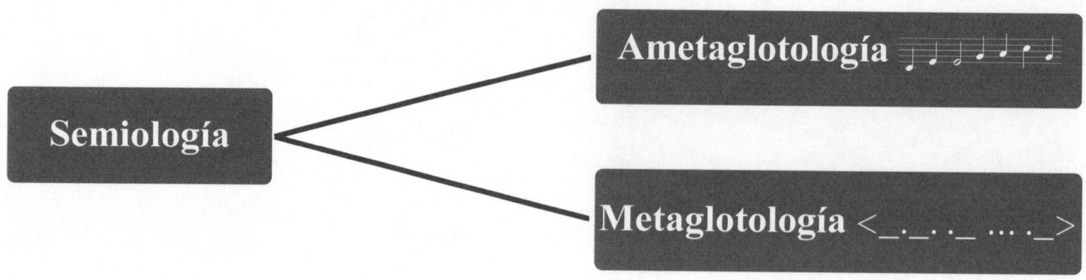

Los sistemas metaglóticos —gráficos o no— serían, pues, objeto de estudio de la **Metaglotología**. *Sensu stricto*, corresponde a la **Grafemática** el estudio de los signos metaglóticos de la escritura, signos gráficos, esto es: en forma de trazos y de percepción visual (§ II 5). Aunque nuestro objeto de estudio fundamental será la escritura, en lo sucesivo incluiremos también en nuestro análisis los otros sistemas metaglóticos, especificando, cuando fuere oportuno, las diferencias.

3. GLOTOGRAMAS

Llamamos **glotograma** a aquel signo que es manifestación de la metaglosia de la escritura, ya represente un elemento prosódico (*prosodograma*), un rasgo o componente de un fonema (*hipofonematograma*), un fonema consonántico (*sinfonograma*), un fonema en general (*fonematograma*), un alofono (*alofonograma*), un morfema (*morfograma*), una sílaba (*silabematograma*), un elemento sintáctico (*sintactograma*), uno léxico (*lexograma*) o uno semántico (*semograma*), una palabra (*logograma*), una frase (*fraseograma*) o cualquier otra eventual unidad lingüística...

Se imponen unas breves precisiones sobre la nomenclatura. Puesto que todos los glotogramas representan elementos fónicos de la lengua, el término *fonograma*, haciendo referencia genérica a un *fono* o sonido y, por tanto, en realidad a cualquier elemento lingüístico, resultaría una denominación demasiado vaga, por lo que parece más conveniente disponer de un término que, aunque menos económico, específicamente haga referencia a los fonemas o fonos distintivos de una lengua, como *fonematograma*. En el caso de *silabematograma* en vez del esperable y también más económico *silabograma*, cumple señalar que no hay, que sepamos, escritura alguna que emplee notaciones sistemáticas para cada posible sílaba en una lengua sino solo para alguno o algunos tipos básicos, normalmente para la estructura más básica de consonante – vocal (CV), de modo que en realidad no se registran las sílabas de la lengua sino solamente algunas estructuras básicas que podemos definir, pues, más como *silabemas* o abstracciones funcionales de sílabas que como propiamente sílabas. Conviene incidir también en el hecho común de que muchas escrituras de lenguas están basadas en una relación, siempre más o menos lograda, entre grafemas y fonemas y entre grafemas y silabemas. Un tercer grande y básico grupo de escrituras se basan, en cambio, en una relación entre grafemas y solo un grupo determinado de fonemas, las mucho más frecuentes consonantes (del latín *consonans*, calco del griego σύμφωνος – *sýmphonos*, de ahí nuestro *sinfonograma* o derivados), dejando sin representación en principio las vocales, menos frecuentes. Técnicamente este patrón o sistema podría también describirse como un modelo fonematográfico regularmente incompleto. Sin embargo, históricamente y con nuestros datos actuales, no hay duda de que los patrones basados en la notación de las consonantes o sinfonográficos precedieron a los basados en la notación de todos los fonemas. El análisis fonematográfico comporta un, digamos, nivel de abstracción mayor que el de las consonantes o el de las sílabas. Dentro de los fonemas, las regularmente más numerosas consonantes ya solo por esa misma circunstancia suelen presentar un rango menor de alofonía que las menos numerosas vocales y, por lo tanto, normalmente son más fáciles de identificar como sonidos distintivos o fonemas (§ III 4).

Por otra parte, es evidente que, por lo que hoy sabemos, no existiendo ninguna lengua con número mayor de vocales que de consonantes y habiendo normalmente como media unas tres veces más de consonantes que de vocales en las lenguas del mundo, si hubiere que elegir entre registrar consonantes o vocales, resultaría mucho menos práctico escribir únicamente con vocales que con consonantes, resultando, en efecto, muchísimo más ambiguas notaciones cuales <OE>, <EEOO>, <AEIA> o <AEAIA> que <CFR>, <TLFN>, <VLNC> o <GRFMTC> para respectivamente *confer*, *teléfono*, *Valencia* o *Grafemática*. No por puro azar las escrituras sinfonográficas tuvieron especial éxito entre las lenguas semíticas (fenicio, hebreo, árabe...), las cuales contaban con un patrón vocálico asaz reducido. Siendo la escritura sinfonográfica la más económica respecto al número de glotogramas, en la práctica esta ofrece cabales equivalencias y normalmente completas entre consonantes y grafemas, por lo que no creemos necesaria —ni siquiera por paralelismo— crear aquí el neologismo de *sinfonema* y los eventuales derivados *sinfonematografía* y afines.

La escritura empero no está, por lo general, compuesta únicamente de glotogramas, no está compuesta únicamente de signos metaglóticos, ya que hablábamos de una cierta autonomía —*metaglosia* 'translengua'— y no de una total sumisión —*hipoglosia* 'sublengua'— de la escritura respecto a la lengua.

Escritura = Lengua

Glotogramas

<|> → latín /i/, celtibérico /ba/, árabe /a/, oriya /aː/, brahmi /ra/...

<X> → latín /ks/, griego clásico /k^{h}/, celtibérico /ta/ o /da/, albanés /dz/, ruso /x/, véneto /s/, catalán /ʃ/, chu yin /u/, fenicio /t/, rúnico /g/...

4. IDEOGRAMAS

Junto a los glotogramas es muy frecuente en la escritura la presencia de otros signos no metaglóticos, a los que llamamos **ideogramas**, signos de la escritura (E), pero que no manifiestan una dependencia de una lengua dada (L), y justamente por ello pueden en principio ser reconocidos por colectivos mayores o menores que el habitual de los hablantes de una lengua determinada.

Escritura ≠ Lengua

Ideogramas

<✷> → ‘sol’: alemán *Sonne*, antiguo eslávico eclesiástico слъньце, avéstico *hvarə*, bretón *heol*, francés *soleil*, checo *slunce*, galés *haul*, gótico *sauil*, griego ἥλιος, holandés *zon*, inglés *sun*, irlandés *grian*, islandés *sunna*, italiano *sole*, letonio *saule*, lituano *sáulė*, polaco *słońce*, rumano *soare*, ruso солнце, sánscrito *suar*, serbo–croata *sunce*…

<♥> → ‘corazón’: alemán *Herz*, avéstico *zərəd–*, bretón *kalon*, checo *srdce*, danés *hjerte*, antiguo eslávico eclsiástico сръдьсе, francés *cœur*, galés *calon*, gótico *hairtō*, griego καρδία, holandés *hart*, inglés *heart*, irlandés *croidhe*, islandés *hjarta*, italiano *cuore*, lituano *širdìs*, letonio *sirds*, polaco *serce*, portugués *coração*, rumano *inimă*, ruso сердсе, sánscrito *hṛd–*, serbo–croata *srce*, sueco *hjärta*, valenciano *cor*…

Aunque usuales componentes de la escritura, glotografía e ideografía son entidades con características bien distintas, lo que puede aconsejar el estudio y descripción particulares de cada uno de ellos.

4.1 Autogramas

Los ideogramas pueden ser clasificados a su vez según diversos criterios, fundamentalmente por su forma o por su significado. Desde esta última perspectiva, una subclase especialmente interesante de ideogramas es la de aquellos cuyo referente está en la propia escritura o **autogramas,** como, por ejemplo, los signos utilizados en el mundo grecorromano por los *grammatici* para la enmienda de textos. En las modernas escrituras occidentales para signos como las comillas, el subrayado, las negritas o la cursiva resultaría contranatural no considerar que su referente está principal o únicamente en la escritura.

Este tipo de marcas, frecuente, por ejemplo, en textos científicos, no tiene correlato ni regular ni predecible en la lengua. Un espaciamiento en un rótulo como <G R A F O> no es —no necesariamente al menos— reflejo de una pronunciación aislada de cada fonema (/g r a/...). El guión que divide una palabra que ya no cabe al final de una línea, no representa unidad lingüística alguna, su significado no excede el ámbito de la escritura. Cuando los puntos suspensivos no indican interrupción del discurso oral, son autogramas, como en expresiones del tipo <hijo de p...>. La escritura tailandesa dispone de una marca para indicar la elipsis o abreviación de una forma larga. También los signos que usamos para la corrección de borradores pueden ser considerados cabales autogramas. Locuciones del tipo "lo digo entre comillas" muestran a su vez que difícilmente el habla puede reflejar ciertos elementos que, por el contrario, sí aparecen nítidos en la escritura.

5. MORFOLOGÍA DE LOS SIGNOS EMPLEADOS EN LOS SISTEMAS METAGLÓTICOS

Los signos empleados en los sistemas metaglóticos, ya sean glotogramas o ideogramas, se realizan por **ejecución** muy diversa: incisión, presión, pulsación, gesto, mancha, relieve, resonancia; manualmente o con otra parte del cuerpo, por intermediario mecánico o no... y sobre **soporte** de muy diversa textura: blanda o dura, lisa o rugosa... de muy diversa forma: plana o esférica, rectangular o redonda, ancha o estrecha... o de muy diversa materia: tierra, agua, aire... JESUCRISTO (Ioh. 7,1–11) o ARQUÍMEDES son presentados escribiendo sobre la arena (Valerio Máximo 8,7,7), en la que algunos pueblos han practicado la adivinación utilizando la escritura (*psammomancia*); escribir en el agua puede equivaler a hacer algo en vano (Catulo 70,4), el poeta OVIDIO (*am.* 2,5,17–18) nos presenta la escritura sobre el vino derramado en una mesa, una superchería islámica consiste en trazar letras sobre la cabeza del recién nacido… etc.

Sin embargo, más determinante que su ejecución o el soporte empleado parece su **morfología**, la cual es también muy diversa, si bien todos los signos metaglóticos podrían morfológicamente ser definidos como a c o t a m i e n t o s e s p a c i a l e s.

Estos signos se caracterizan además —salvo procedimientos secundarios o artificiales— por su emisión no oral. La escritura en concreto presenta unos signos formales determinados y propios que pueden diferenciarla de otros sistemas metaglóticos: son trazos de lo más variado: puntos o rayas, y evoluciones simples de los mismos, como curvas o rectas, o evoluciones complejas y mixtas...

En su **emisión** y según coincidan o no signo y soporte, podemos diferenciar los sistemas **ágrafos** o de signos móviles y que son modificaciones del propio soporte, cual el de los sordos o las banderolas marítimas, y los sistemas **gráficos** o de signos inmóviles y que son modificaciones realizadas sobre el soporte, como la escritura, el sistema Braille o los gallardetes marítimos.

En su **recepción** y según el órgano empleado, podemos diferenciar diversas categorías de sistemas metaglóticos, esencialmente los **visuales**, cuales la escritura, el de sordos, alfabeto Morse (en soporte material) o las banderolas marítimas, los **táctiles**, cual el sistema Braille, o los **auditivos**, cual el alfabeto Morse en transmisión sonora.

5.1 Incidencia de la ejecución y soporte

Factores relacionados con la ejecución (instrumento, órgano, postura...) y soporte (superficie, material...) pueden lógicamente tener alguna incidencia en la morfología del signo. En el caso del signo grafemático todo ello puede condicionar, por ejemplo, su trazo (solo recto, solo curvo...), dirección, tamaño u otras características. Parece haber sido la materia utilizada —en concreto, la pintura— la que originó en latín la aparición de los alógrafos <||> para <E>, <|'> para <F> y <|,> para <L>, los cuales evitan las líneas horizontales (§ V 7). Con gracia ha descrito NAKANISHI (1991: 54: «a parade of bald heads») el aspecto de la escritura oriya como un "desfile de calvos" en razón de la línea semicircular superior que caracteriza a sus grafemas. Esa línea semicircular debe de ser una derivación de la característica línea recta —o también gráficamente descrita como "cuerda de tendedero"— de la escritura devanágari, también en la India, y tal transformación se explica tradicionalmente por su mejor dejarse escribir con agujas sobre hojas de palma. Ni superficie ni instrumento hacían fácil el trazo recto. Conocido tópico es el de conceder su importancia a la influencia de la materia —arcilla— en la aparición de trazos en forma de cuño y en la rotación de noventa grados de los signos de la escritura cuneiforme (así COULMAS 1991: 74–75 y 88 o GAUR 1990: 55–59; véase una buena ilustración en FÖLDES–PAPP 1987: 48).

6. LOS RASGOS DISTINTIVOS. RASGOS SEMIOLÓGICOS Y METAGLÓTICOS

Dentro de la gran variedad morfológica de los signos metaglóticos podemos reconocer una serie de elementos formales básicos, a los que podemos llamar **rasgos distintivos**. Una serie de rasgos parece ser común y preceptiva para todos los sistemas sígnicos de comunicación; otra serie de rasgos parece ser común y preceptiva para todos los sistemas sígnicos metaglóticos. Son rasgos **semiológicos**, a nuestro entender, los de contraste, orden y figura. Son rasgos **metaglóticos**, a nuestro entender, los de orientación, distribución, situación y módulo.

6.1 Contraste

Llamamos **contraste** al rasgo que determina el significado de un signo según el grado de presencia o ausencia de su marca (§ II 6.1.1). Aunque pueda resultar obvio, no es menos cierto que toda marca necesita contrastar al menos con una no marca para poder ser percibida. En los patrones metaglóticos visuales, como la escritura o las banderas marítimas, el acotamiento espacial utiliza esencialmente el contraste de luminosidad–obscuridad; la comunicación mediante linternas en Morse utilizaría también esta modalidad de contraste. En los sistemas táctiles, como el Braille, el contraste es de rugosidad–lisura. Como rasgo, al parecer, semiológico (§ II 6), es preceptivo también para las lenguas humanas, en las cuales se presenta, cual en algunas variantes del Morse, como contraste de sonoridad–silencio. Todo contraste establece una primera distinción entre signo y marca.

6.1.1 Signo y marca

Un signo puede venir caracterizado por una **marca** (como <A>) o mediante su ausencia (< >). La ausencia de marca, en efecto, en una secuencia de signos, cuando así lo establezca el código, puede constituir también un signo. La marca es un concepto genérico, ya materialícese en el grafo para la escritura o en la tela coloreada en el sistema de los gallardetes marítimos, en el movimiento de las banderolas, o en el movimiento y conformación de la mano en el lenguaje de los sordos.

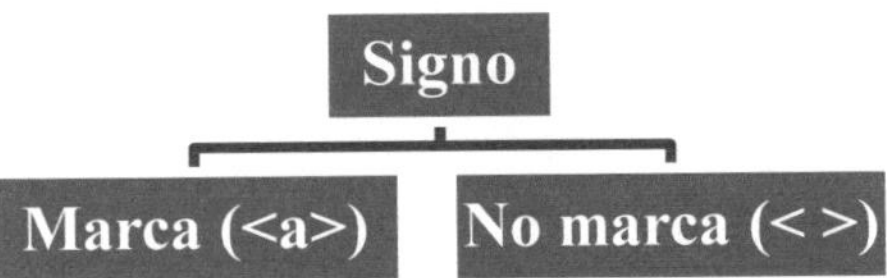

6.1.1.1 El signo como ausencia de marca

La separación léxica venía notada en latín o por la ausencia de marca, es decir: por un espacio en blanco o «signo cero» en palabras de MARINER (1975: 281) o bien por unas marcas, normalmente en forma de punto y a veces con formas artísticas (*hederæ distinguentes*), situadas a media altura. En textos de época romana conservados cuales, por ejemplo, la inscripción del *Monumentum Ancyranum* o el fragmento de papiro con unas líneas del carmen *de bello Actiaco* el punto intermedio simplemente separa palabras. Nótese que en estos y otros documentos es oscilante al respecto el tratamiento de preverbios o prefijos, los cuales a veces se separan, y de preposiciones, las cuales a veces no se separan, frente a lo que sucede en las más reguladas escrituras occidentales modernas. El espacio interverbal en castellano es un signo tan cabal para notar una unidad léxica como la marca celtibérica interverbal con dos o más puntos: <: ⁝ ⁞>. Ya que en castellano la variada posición del acento es siempre identificable, tan signo es <´> en <amó> como la ausencia de <´> en <amo>. Los seis tonos del vietnamita (*Quôc ngu*) son notados por cinco marcas, resultando así que la ausencia de marca nota lógicamente un sexto tono. El concepto de ausencia de marca es de gran ayuda para explicar fenómenos muy diversos. La ausencia de marca, por ejemplo, hace más comprensible la estructura de las escrituras índicas. El signo para la llamada *vocal inherente*, /a/ (que suele ser la más frecuente) u /o/ (en, por ejemplo, tailandés), debe interpretarse como carente de marca. Mientras que es posible aislar marcas en los respectivos silabematogramas (§ III 6) para las demás vocales, esto no es posible para la vocal inherente. La ausencia empero de esta vocal suele venir notada por la presencia de una marca anulatoria. Resulta congruente y económico concluir que /a/ (u /o/) es sí representada por un signo (de otro modo no se explicaría la presencia de marcas anulatorias), que es precisamente la ausencia de marca, ausencia debida básicamente, claro es, a razones de economía (§ V 6.1). Así en devanágari <क> nota /ka/, pero con la marca anulatoria (*viram*) < ्> se notaría /k/ (= <क्>).

6.1.2 Gradación en el contraste

Además de estas manifestaciones extremas de contraste entre una presencia y una ausencia, existe una variada escala que permite utilizar el contraste entre uno y otro extremo. Además del —y como glotograma— preceptivo contraste presencia ≠ ausencia del tipo <A ~ >, hay que añadir como ideográficamente relevante en muchas escrituras el contraste del tipo <A ~ **A**>. El color de la marca o variado contraste de luminosidad es distintivo y puede ser también utilizado como glotograma. En el sistema de los gallardetes marítimos el equivalente a <L> (negro y amarillo) solo se diferencia del equivalente a <U> (rojo y blanco) por el color. No parece, en cambio, que el color haya funcionado como glotograma en escritura alguna, aunque sí como ideograma, como en algunas escrituras amerindias. La de los cheroquis puede, de modo regular, colorear los signos. En las marcas o en el soporte el blanco es utilizado para expresar felicidad, el negro para muerte, el rojo para el éxito y el azul para la tristeza. También ideográficamente, aunque con fines otros, fueron empleados a veces variados colores en los manuscritos latinos medievales (*uide* BISCHOFF 1990: 16–18). El *Codex Iustinianus* (1,18,6) regulaba la pena capital para quien se sirviera de la escritura purpúrea, reservada para los documentos imperial es de Bizancio (*uide* CARDONA 1994: 100 y 123 n14).

6.2 Orden

Llamamos **orden** (griego τάξις, latín *ordo*, ya para los antiguos) al rasgo que determina el significado de un signo según su sucesión. Como rasgo, al parecer, semiológico (§ II 6), es preceptivo también para la lengua. Ahora bien, como la lengua es básicamente tiempo, y el tiempo solamente nos es perceptible en un orden, a saber: que lo anterior precede a lo posterior, este es el orden —necesariamente único— de la lengua. Al hablar del orden en el tiempo, básicamente sólo podemos servirnos de dos términos, antes → después, y de una única e irreversible dirección. La situación es, en cambio, muy diferente para la escritura, la cual, como es básicamente espacio, sí puede presentar variaciones en el orden: arriba → abajo, derecha → izquierda, eje → ángulo, centro → margen y en todos los casos *uice uersa*, y de una variedad de direcciones, ascendente → descendente, vertical → horizontal, dextrorso → sinistrorso, axial → transversal, centrípeto → centrífugo... etc. y en todos los casos *uice uersa*. Si el tiempo (lengua) ha sido definido como aquello que evita que todo suceda a la vez, el espacio (escritura) podría ser definido como aquello que permite que todo suceda a la vez, cualidad que, como muchos sabrán, constituye la argucia básica del célebre cuento de Jorge Luis BORGES “El alef” (1949).

Esa contraposición entre lo continuo del tiempo y lo contiguo del espacio explica la gran variedad en las manifestaciones del orden gráfico, frente a la uniformidad de la manifestación del orden oral. GAUR (1990: 60–61; *uide* también RUIZ 1992: 204–205) ha catalogado hasta catorce códigos direccionales para las escrituras convencionales. La variedad es grande. Baste como ejemplo la dirección llamada "dentadura de tiburón", la cual exige que el lector cambie o la posición del mensaje o su posición cada vez que pasa a otra línea.

Lengua → tiempo: antes precede a después (<ABCD>)

Escritura → espacio: algunas direcciones de escritura (<A→ B c>)

A↓	c	A↘					c	A→	B	A→	B	B	A←	c	A↓		c		B
B	B		B			B		c			c		c		B	B	A←	c	A↑
c	A↑			c	A↗														

6.2.1 El orden de lectura

Contra la convención establecida preferimos hablar de orden de *lectura* que de *escritura*. La primera es la realmente significativa y ambas no tienen necesariamente por qué coincidir (§ V 6.1.1). Preferimos también hablar de *orden* que de *dirección*, ya que aquel concepto permite incluir, por ejemplo, metaglosias no realizadas sobre un soporte, como las señales luminosas del alfabeto Morse o el lenguaje gestual de los sordos. El significado de los signos independientemente considerados <D> – /d/ y <A> – /a/ en <DA> y <AD> no cambian en latín, pero el significado de la secuencia es bien distinto ('da' y 'a – hacia – hasta' respectivamente). En polaco <DO> y <OD> significan exactamente lo contrario: 'hacia' y 'desde' respectivamente. Tampoco son lo mismo <81 años> y <18 años>, aunque los palíndromos de algunos poetas como <Roma tibi subito motibus ibit amor> o de bromistas como <dábale arroz a la zorra el abad>, <amad a la dama> gusten de intentar contradecir a los estudiosos. El primer ejemplo, en latín, reproduce un verso de autor desconocido (*uide* BLÄNSDORF 1995: 465 *fragm*. 134). Es claro que este tipo de efectos es para la escritura solamente posible cuando la secuencia es dividida en dos partes iguales, estrictamente hablando, pues a causa de la separación interverbal los ejemplos citados serían en realidad palíndromos *fonemáticos*. Un verdadero palíndromo *grafemático* sería <AMOR A ROMA>, y un verdadero palíndromo *gráfico*, <AMO A OMA>.

6.2.1.1 El orden de lectura en latín

Tradicionalmente (véase, entre otros, SOMMER & PFISTER 1977: 29; GONZÁLEZ 1916: 153; KENT 1966: 34) se establecen en latín tres fases en lo relativo al orden de lectura, pues, aunque siempre descendente, fue primero sinistrorso —esto es: se escribía hacia la izquierda— luego alternante o —así llamado— de *bustrofedon* y, por fin, dextrorso o hacia la derecha, imponiéndose este tempranamente. Habida cuenta de que de modo mayoritario la escritura ha sido históricamente ejecutada manualmente, de que la mayor parte de la población es diestra y de la preponderancia del intuitivo movimiento aductivo —hacia adentro— de la mano y más especialmente del brazo, puede considerarse de realización más natural la escritura descendente, vertical y sinistrorsa, la de la escritura china tradicional, por ejemplo. El hecho de que la escritura descendente sea con diferencia la más representada se explica por la preponderancia del movimiento aductivo del brazo, que es el mismo para todos los humanos, sobre el de la mano, que es distinto para mayoritarios diestros y minoritarios zurdos.

6.2.2 Principio de orden por contigüidad

Si no parece haber (habido) escritura convencional alguna en la que el orden en la lectura de los signos no esté regulado, tampoco parece además que haya escritura alguna en la que sus glotogramas sistemáticos (§ III 1) y morfológicamente simples no se presenten contiguamente, de modo que /abc/ pueda escribirse, por ejemplo, <ABC> o <CBA>, pero no †<ACB> ni †<BAC>. Podemos llamar principio de **orden por contigüidad** a la norma que establece que todos los glotogramas sistemáticos de una escritura se presentarán en una sucesión por contigüidad en el orden que quede fijado para tal escritura. Este principio se revela como un concepto descriptivo utilísimo y determinante para caracterizar los diversos sistemas de escrituras. De modo que un glotograma sistemático puede adicionalmente quedar descrito también como aquel que respeta el orden por contigüidad. En tailandés, por ejemplo, de orden dextrorso, el fonematograma preceptivo para /e/ es notado con dos marcas que aparecen antes y después del aquí fonematograma para la consonante correspondiente; ahora bien, puesto que el sistema tailandés es en realidad silabematográfico, este y parecidos fenómenos de los fonematogramas vocálicos no transgreden el principio de orden por contigüidad, ya que los silabematogramas, que son los glotogramas sistemáticos para tal escritura, siguen leyéndose todos contiguamente y de izquierda a derecha. Tal situación es característica de las escrituras del sudeste asiático (birmano, camboyano, laosiano, mon…).

6.3 Figura

Llamamos **figura** (griego σχῆμα, latín *figura*) al rasgo que determina el significado de un signo según la materialización morfológica concreta de la marca. Como rasgo, al parecer, semiológico (§ II 6), es preceptivo también para la lengua, donde se presenta como modificaciones varias de la señal acústica. Toda figura se realiza como marca (no como ausencia de marca). Las marcas gráficas <a ɑ i ı> presentan figuras distintas. Las marcas gráficas <o O> o <: ¨> o <a ɐ> presentan idéntica figura. La dirección del trazo o ducto (latín *ductus*), característica de las escrituras sínicas puede quedar inclusa en este apartado, ya que lo relevante en tales signos no es el proceso de ejecución, sino el resultado, el cual se manifiesta morfológicamente como figura. Este concepto incluye, pues, la configuración formal de las marcas (en la escritura:

número de trazos, grosor, dirección, carácter líneal o curvo...), sean o no contiguos sus trazos. De modo que <o Θ> o bien <U V> son figuras distintas, mientras que <o O>,<: ¨> o <a ɐ> son figuras idénticas. Ahora bien, estas últimas pueden resultar marcas distintas, ya que la marca puede presentar otros rasgos. De modo general podemos postular que tanto menor sea el inventario de figuras de un sistema, tanto mayor será el uso de los otros rasgos de la marca. El Morse presenta un parco inventario de figuras: <·> y <–>), pero utiliza abundamente otros rasgos (contraste, orden y distribución). En el silabario de los esquimales de Canadá <ᐱ> y <ᑎ> son figuras distintas. En realidad este silabario cuenta con solo 15 figuras básicas; consiste en la adaptación del silabario introducido por misioneros para la notación de lenguas indígenas del Canadá occidental y divulgado por Edmund James PECK en 1877 (*cfr*. MAJEWICZ 1989: [203]). El hecho de ser un modelo *inventado* no lo invalida como testimonio, ya que esa condición es compartida por muchas otras escrituras y en mayor o menor medida afecta, al menos en su origen, a todas ellas. La artificialidad o menor *naturalidad* de la escritura respecto a la lengua es una de las características de aquella (*uide* CARDONA 1994: 10).

ᐃ ᐄ i	ᐅ ᐆ u	ᐊ ᐋ a	ᐦ h
ᐱ ᐲ pi	ᐳ ᐴ pu	ᐸ ᐹ pa	ᑉ p
ᑎ ᑏ ti	ᑐ ᑑ tu	ᑕ ᑖ ta	ᑦ t
ᑭ ᑮ ki	ᑯ ᑰ ku	ᑲ ᑳ ka	ᒃ k
ᒋ ᒌ gi	ᒍ ᒎ gu	ᒐ ᒑ ga	ᒡ g
ᒥ ᒦ mi	ᒧ ᒨ mu	ᒪ ᒫ ma	ᒻ m
ᓂ ᓃ ni	ᓄ ᓅ nu	ᓇ ᓈ na	ᓐ n
ᓯ ᓰ si	ᓱ ᓲ su	ᓴ ᓵ sa	ᔅ s
ᓕ ᓖ li	ᓗ ᓘ lu	ᓚ ᓛ la	ᓪ l
ᔨ ᔩ ji	ᔪ ᔫ ju	ᔭ ᔮ ja	ᔾ j
ᕕ ᕖ vi	ᕗ ᕘ vu	ᕙ ᕚ va	ᕝ v
ᕆ ᕇ ri	ᕈ ᕉ ru	ᕋ ᕌ ra	ᕐ r
ᕿ ᖀ qi	ᖁ ᖂ qu	ᖃ ᖄ qa	ᖅ q
ᖏ ᖐ ngi	ᖑ ᖒ ngu	ᖓ ᖔ nga	ᖕ ng
ᙱ ᙲ nngi	ᙳ ᙴ nngu	ᙵ ᙶ nnga	ᖖ nng
ᖠ ᖡ łi	ᖢ ᖣ łu	ᖤ ᖥ ła	ᖦ ł

Silabario de los esquimales de Canadá [dominio público]

6.3.1 Las figuras en latín

Como glotogramas sistemáticos el latín clásico disponía del siguiente inventario de figuras: <A B C D E F G H I K L M N/Z O P Q R S T V Y>, un inventario que tipológicamente podemos considerar más bien amplio, lo que por sí ya propiciaba el parco uso de otros rasgos. Comparativamente el griego clásico era igualmente amplio <A B Γ Δ E Z/N H Θ I K Λ M/Σ Ξ O Π P T Y Φ X Ψ Ω>.

6.4 Orientación

Llamamos **orientación** (griego θέσις, latín *positura*) al rasgo que determina el significado de un signo según la perspectiva de la figura respecto al lector. Teóricamente solamente escrituras compuestas de signos con figuras idénticas desde todas las perspectivas (como <. O Θ> o afines) o de signos con figuras totalmente diferentes podría prescindir de este rasgo. En latín <N Z>, aunque con figuras idénticas, resultan ser marcas distintas por orientación, como también nuestros <W Σ M>, <9 6>, o aquellas marcas de la escritura ugarítica o rúnica con idéntica figura y distinguibles solo por la perspectiva de lectura. El ogámico emplea abundantemente este rasgo: <–|> ≠ <|–>; <=|> ≠ <|=>; <≡|> ≠ <|≡>...

Debido muy probablemente sobre todo a la calidad no plana de muchos soportes y a la falta de linealidad en la ejecución de la escritura, la orientación fue escasamente utilizada en las primitivas escrituras mediterráneas, lo que explica que una misma figura pudiera acabar, una vez definitivamente fijado el orden, con variadas orientaciones según cada escritura, como probablemente en fenicio <w>, griego <Σ> y celtibérico <Ϻ>. En el silabario de los esquimales de Canadá (*inuktitut*) <Γ> y <L> aunque tengan la misma figura, son grafemas distintos, tal como los son <b>, <d> y <p> en nuestra escritura o también en el mismo inuctitute. En la versión de PECK este silabario cuenta con 3 orientaciones básicas, lo que, sumado a sus 15 figuras, da una cifra de 45 grafemas. El concepto de orientación incluiría también el de la inclinación mediante el cual son relevantes —sea como glotogramas, sea como ideogramas— ligeras modificaciones de orientación como <ɑ ~ *ɑ*> o <a ~ *a*>.

6.4.1 Orden, orientación y percepción de la figura

El acoplamiento de orden, figura y orientación suele tener consecuencias morfológicas. Por ejemplo, vimos (§ II 6.2.1.1) que, en cualquier caso, para los lectores latinos los dos órdenes básicos fueron siempre el horizontal (sinistrorso o dextrorso) y el descendente. En los períodos de transición de un orden a otro o de coexistencia de ambos es lógico que se tendiera a evitar aquellas figuras que resultaran idénticas desde ambos órdenes, una vez que ante formas aisladas como, por ejemplo, <TV> podían darse vacilaciones: <TV> ¿= *tu* 'tú' o *ut* 'de modo que'?). La escritura egipcia jeroglífica, por cierto, solucionaba tal tipo de ambigüedad dibujando los signos icónicos siempre en dirección al inicio de línea. En el inventario arcaico del alfabeto latino esto podía afectar solo a las figuras <A H I O Ϙ T V X>. No sorprende que, cuando se fijó el orden dextrorso, un fonematograma como la <ꟿ> —así en su variante sinistrorsa— o variante de la eme de cuatro trazos fuera pronto substituido por su alógrafo <M>, más económico por disponer de un trazo menos. La reforma de CLAUDIO (§ V 21) no introdujo en realidad figuras nuevas sino orientaciones nuevas: <Ↄ> junto a <C>, <ꟻ> junto a <F> y <Ⱶ> junto a <T>. A su vez, la nueva tendencia a la que ya no repugnaba tanto el empleo de formas simétricas y reconocibles igualmente desde la izquierda como desde la derecha del lector, tal como <M>, pudo verse frenada por otro factor propiciado precisamente por la dirección de la escritura, ya que con probabilidad fue también la dirección por fin establecida —la dextrorsa— la que, nos parece, puede explicar hechos como el imponerse la realización <Q>, con mejor acomodo del grafo, a partir de un simétrico <Ϙ> o la estructura gráfica de muchos fonematogramas compuestos de una barra vertical invariante (|) y diversas variaciones a su derecha: <B D E F K L M N P>, lo que facilita el gesto de la mano en tal dirección. Algo parecido sucede en la escritura armenia. Simíliter no es difícil constatar que la escritura sinistrorsa hebrea se caracteriza morfológicamente por la presencia de marcas consistentes en una barra vertical invariante (|) y diversas variaciones a su izquierda. Más de la mitad de los glotogramas sistemáticos hebreos presentan esta característica (verbigracia ה ד ת ר דּ הּ>). La escasez de líneas rectas en las escrituras georgiana (dextrorsa) o arábiga, urdu y maldiva (sinistrorsas) no permite verificar tal tendencia.

6.5 Distribución

Llamamos **distribución** al rasgo que determina el significado de un signo según su ubicación en relación a otros. En latín clásico <H> tiene diferente significado en <homo> (= /h/), <ahenus>, donde marca el hiato vocálico o <phoca> ([p^h]). Parecidamente en indonesio <h> representa /h/ en posición inicial o intervocálica: <hari> 'día', <dahan> 'rama', pero hiato entre dos vocales diferentes: <pahit> 'amargo' pero no hay hiato en <badai> 'tormenta'. Establecido el orden de lectura, los grafemas pueden distribuirse de modo tal que su significado dependa de su ubicación, como en español <CA CE CH> para /k/, /θ/ y /t͡ʃ/ respectivamente. Debe notarse el carácter usualmente subsidiario del rasgo de la distribución respecto al orden, pues para hablar de distribución de los elementos, normalmente es condición previa la de que haya un orden... aunque no siempre: un guión en el extremo de una línea tiene en muchas escrituras una función bien distinta de la presentada cuando se da en cualquier otro lugar de la línea, como en portugués: (en extremos) <–romano> ≠ <ro–
mano>, ≠ (en medio) <greco–romano>. En una forma alemana <ueber>, <E> tiene una función bien distinta tras <U> (como también tras <A> y <O>), donde es equivalente a <¨>, tras <i>, donde sirve para indicar una *i* larga: /i:/, o tras una consonante, donde suele representar un fonema, de modo que <ue> y <ü> son —siempre para las formas nativas o patrimoniales; no en <Manuela>, por ejemplo— soluciones equivalentes. A veces un mismo signo tiene un significado determinado solo en una distribución específica, por lo que no resulta ambiguo. El significado de <4> y <9> es distinto en <1492> y <1942> a causa de la distribución. En chino una misma marca puede actuar de representación fonética en un grafema y semántica en otro.

La marca para 'cuchillo' actúa de clasificador en casi un centenar de grafemas y nota una sílaba (*dao*) en casi una quincena (COULMAS 1991: 102). En polaco <C> y <Z> notan con regularidad /ts/ y /z/ respectivamente; sin embargo, el digrama <CZ> con el valor regular de /t͡ʃ/ no es ambiguo, ya que en la lengua polaca no conoce una secuencia /tsz/. En coreano un mismo signo <ò>, empleado para [ŋ] en posición final de sílaba, se usa para indicar en otros lugares la presencia de una sola vocal, esto es: sin consonante.

6.5.1 *Alogramas*

Consecuencia notoria del rasgo de la distribución es la aparición de **alogramas** o marcas distintas para un grafema según la posición ocupada en una secuencia grafemática, como griego <σ – ς> para /s/. Algunas escrituras se sirven abundantemente de este expediente. El hebreo distingue formas no finales de finales, como para /χ/ <ח> y final <ך>; el árabe distingue marcas independientes, iniciales, mediales y finales, como para /n/ <ن> independiente y final y <ﻧ> inicial y medial; el mongol distingue iniciales y finales, e incluso una misma figura puede ser utilizada como alograma de dos diferentes glotogramas, caso de la marca para /o/ final y /p/ inicial y medial.

6.6 Situación

Llamamos **situación** al rasgo que determina el significado de un signo según la ubicación relativa de la figura. En muchas escrituras diferencias del tipo <1^2 ~ 12> son glotográficamente relevantes. De faltar la línea central en la escritura ogámica los dos trazos rectos y paralelos de los signos para /d/ <=|> y para /l/ <|=> resultarían empero inteligibles por su situación relativa a un eje imaginario (ausencia de marca: <= > y < =>); también, por ejemplo, en el sistema Braille los signos equivalentes a <a> y <,>, constituidos por un único punto, resultan distintivos por la misma razón. En latín una misma figura <.> tenía distinto significado según la altura relativa donde se ubicara (§ III 2). La extraordinaria economía maya para notar la numeración mediante únicamente tres figuras se basa en la extensa utilización de este principio (§ V 6.1.1). En japonés la misma figura significará 'carne' si situada a la izquierda del signo y 'luna' si a la derecha.

6.7 Módulo

Llamamos **módulo** (latín *modulus*) al rasgo que determina el significado de un signo según el tamaño relativo de la figura. En muchas escrituras diferencias del tipo <Pilar ~ pilar> son glotográficamente relevantes, como en español donde la mayúscula inicial distingue el nombre propio del nombre común (<Mar ~ mar>, <Rosa ~ rosa>...) o de otra forma común homofónica <Lucía ~ lucía>...). El rasgo del módulo no es glotográfico en latín, pero puede a veces ser empleado como ideograma para notar inicios de epigramas, hexámetros (BALLAIRA 1993: 34), capítulos o para funciones ornamentales. Escrituras como la georgiana, mongola, tailandesa, índicas o arábigas no utilizan el módulo como glotograma; decimos: no distinguen entre mayúsculas o minúsculas. En cambio, en el silabario de los esquimales de Canadá diferencias como <P> y <p> son preceptivas. En realidad este silabario cuenta 2 módulos básicos, lo que sumado a una de las tres orientaciones de sus 15 figuras, da un total de 60 grafemas distintos (15 figuras × 3 orientaciones = 45 + 15 módulos = 60).

6.8 Rasgos plurales y rasgos singulares

Todos los rasgos necesitan de la conmutación de al menos dos signos para manifestar su relevancia. Ante un signo aislado como <Q> no podemos determinar la presencia de contraste <Q ~ **Q**>, orden <AQ ~ QA>, figura <Q ~ O>, orientación <Q ~ Ↄ>, módulo <Q ~ Q>, situación <Q ~ ^Q> o distribución <QA ~ QU>. Ahora bien, son **rasgos plurales**, por cuanto precisan de al menos dos signos distintos (cuatro instancias) para manifestarse, el orden y la distribución; y son **rasgos singulares**, por cuanto pueden manifestarse en un mismo signo (dos instancias), el contraste, la figura, la orientación, el módulo y la situación.

7 Grafo y grafema. Grafemática y Paleografía

Llamamos **grafema** a aquel signo reconocible como unidad de la escritura, y reconocible o como glotograma o como ideograma. En la escritura del español <a ~ *a*> no son glotogramas distintos, <a ~ b> sí; en la escritura del español <a ~ b> no son ideogramas distintos, <a ~ *a*> sí. En la escritura del español <a ~ *a* ~ b> son grafemas distintos.

Llamamos **grafo** a la realización concreta de un grafema. Así, <**a**> es un grafo como también lo es <a>, y, por ejemplo, <**a** a ɑ> son en la escritura del español **alógrafos** o realizaciones de un mismo grafema, de un glotograma para /a/, constituyendo el específico fonematograma <A>. La **caligrafía** establece el modelo considerado normal o normativo para los grafos en tal o cual escritura. El número de grafemas es finito, mientras que no lo es el número de grafos (PULGRAM 1951: 15).

El estudio e identificación de las marcas en cuanto grafos compete a la **Paleografía** (para el alfabeto latino puede verse un intento —esencialmente fallido— de identificar grafemas vía grafos en RUIZ 1992: 110–126), para la cual las marcas españolas <a ~ ɑ> o <= ~ ≈> representan entidades distintas. El estudio e identificación de las marcas en cuanto grafemas, sea como glotogramas o como ideogramas, compete a la **Grafemática**, para la cual en la escritura del español y las demás lenguas románicas las marcas <a ɑ> (glotogramas) o <– — —> (ideogramas) representan unas mismas entidades. Propiamente el estudio de la forma de los signos de la escritura es objeto de la Paleografía, en tanto que la Grafemática incide preferentemente en su función.

III. AL MARGEN DE LA FONEMATOGRAFÍA

1. FONEMATOGRAFÍA COMO SISTEMA

La escritura latina conforma un sistema esencialmente **fonematográfico**, esto es: sistemáticamente solo son representados los fonemas de la lengua. Si llamábamos *glotogramas* (§ II 3) a aquellos grafemas que representan las diversas unidades lingüísticas, sean fonemas, sílabas, palabras u otras unidades, llamamos **glotogramas sistemáticos** a aquellos grafemas que representan o aspiran a representar sistemáticamente una —al menos una— de esas unidades. Es así que los fonemas de la lengua latina son los sistemáticamente representados, *ergo* tales fonematogramas constituyen los glotogramas sistemáticos de la lengua latina.

Como suele suceder en los diversos sistemas de escritura, también la latina representaba otros elementos lingüísticos al margen de los fonematogramas: una serie de grafemas podían indicar una relación con unidades en niveles lingüísticos otros que el fonemático, eran estos también **glotogramas** pero **asistemáticos**.

2. PROSODOGRAMAS

Para notar pausas entonacionales la escritura latina dispuso, según algunos testimonios (Diomedes 1,437 Keil: *hæ tres sunt, distinctio, subdistinctio, media distinctio siue mora uel, ut quibusdam uidetur, submedia*; Donato 4,372 Keil; ítem *Commentum Einsidlense* 8,230 Keil suppl.; S. Isidoro *or.* 1,20) en época tardía (HODGMAN 1924: 403), de una misma figura <.> con tres situaciones (§ II 6.6), tres *posituræ*:

- la *distinctio* o punto alto para indicar el fin de la sentencia,
- la *subdistinctio*, equivalente formal de nuestro punto, valía para separar unidades menores
- y la *media distinctio*, un punto situado a media altura, para indicar, según DIOMEDES (1,437 Keil: *cum respirandi spatium legenti dat*) o DONATO (4,372 Keil: *cum tamen respirandum sit*) dónde debía respirarse.

Es sabido que una de las tareas primarias del *grammaticus* era establecer la puntuación de un texto. HODGMAN (1924: 403–417) apuntó que diversos *hyperbata*, palabras interrogativas o exclamativas y formas como *enim, ita, sic, autem, inquit* o *–que* cumplirían adicionalmente la función de indicar las pausas. En cualquier caso, tras estudios como el de Elvis OTHA WINGO (1972; véase también DESBORDES 1990: 236–241; NÚÑEZ 1994: 159–162) o algunos testimonios de fragmentos papiráceos, ya no puede sostenerse el tópico de que los romanos desconocían la puntuación; cuestión distinta es determinar cuándo se sentían inclinados u obligados a utilizarla. Ocasionalmente algunas epígrafes antiguas recogen también la silabización, como un *PA·TER·NO AN·NO·RVM* con interpunción en un epitafio turolense (véase NAVARRO 1994: 136–137).

En la escritura del sánscrito por lo general el espacio en blanco entre los grafemas no corresponde, como en las escrituras europeas, a unidades verbales, sino a pausas prosódicas. Ya se aludió (§ II 6.1.1.1) a que a veces un signo <´> es utilizado para marcar la posición del acento en castellano <amo ~ amó>, y que el vietnamita o el chuang disponen de cinco marcas independientes para notar sus seis tonos. En una forma catalana <col·loqui>, donde <l·l> pretende representar un *l* geminada /l–l/, el punto evita la ambigüedad con <ll>, que nota un único fonema /λ/. Parecida era, antes de la reforma, la función de <¨> en griego moderno y que indicaba el hiato vocálico: <θεϊκος>.

3. HIPOFONEMATOGRAMAS

No hay testimonios de hipofonematogramas puros en latín, si bien la notación de la aspiración mediante <CH PH RH TH> (§ V 17) auspiciaba interpretar allí <H> como hipofonematográfica, es decir: <CH PH RH TH> podrían ser analizados como fonematogramas formados por la suma de los fonematogramas de las oclusivas sordas <C P R T> más el hipofonematograma de la aspiración <H>, interpretación favorecida por la antigua doctrina, bien asentada entre los gramáticos de época greco–romana, y que veía en *h* una *nota adspirationis* o "marca de la aspiración", no una *littera* o 'letra'. Asimismo desde la interpretación monofonemática de las vocales largas latinas (/a: e: i: o: u:/) procedimientos como el ápice (§ V 15) serían lo más económicamente interpretables como hipofonematogramas de la cantidad larga (= [:]).

La escritura, en efecto, puede también registrar elementos no prosódicos y menores que el fonema, como palatalización, aspiración, tensión, apertura vocálica... Con frecuencia podemos encontrarnos con una distinción gráfica de dos fonemas que únicamente se diferencian por un rasgo distintivo notando regularmente, como sola diferencia gráfica, precisamente ese único rasgo distintivo, ese hipofonema. En polaco <´> sobre algunas consonantes nota la palatalización: <Ć DŹ Ń Ś Ź ~ C DZ N S Z>. En el guego albanés los grafemas <Â Ê Î Û Ŷ> indicaban los elementos vocálicos nasales correspondientes a los orales <A E I U Y>; puede, pues, concluirse que <ˆ> notaba el rasgo hipofonemático de la nasalidad de la vocal correspondiente (= [˜]), tal como <Ñ> es utilizado en bretón para notar la nasalidad de la vocal (precedente) que no se halle ante consonante nasal. En hebreo un punto situado en diferentes posiciones según el grafema al que acompaña, ha podido históricamente distinguir series consonánticas afines, tipo <ד ה כ ≠ דּ הּ כּ>. Aquellos signos del Alfabeto Fonético Internacional cuyos componentes hipofonematográficos son claramente reconocibles, como verbigracia <p^h p^j

pˤ> para indicar mediante <ʰ ʲ ˤ> las respectivas aspiración, palatalización o faringalización, serían ejemplos de este tipo de glotogramas.

4. SINFONOGRAMAS

Si aún podemos considerar notaciones silabematográficas (§ III 6) en latín las del tipo de <D> por /de[:]/, <B> por /be[:]/ o <K> por /ka[:]/, donde encontramos un valor preciso para la vocal (por gramatonimia; § IV 3) y notación de los demás elementos (<krus> por *cārus*), cabe ya interpretar como notaciones sinfonográficas parciales secuencias como *DECMVS, DIESPTR, FECT, CONSL, MGOLNIA* (*C.I.L.* 1_2,813), las cuales ya no resultan explicables ni como gramatonímicas, ni como erratas, ni como síncopas o pérdidas de vocal, una vez que incluyen a veces vocales tónicas y largas: *DEBTVR* (FLOBERT 1991: 535). En este tipo de prácticas no puede, nos parece, excluirse taxativamente la influencia de una posible similar práctica en la escritura etrusca sobre la latina (§ III 6). Los datos, por otra parte, no permiten establecer con certeza si históricamente la sinfonografía procede de la silabematografía o viceversa, aunque, por razones tanto teóricas como prácticas, resulta más plausible la primera posibilidad, en el supuesto de que deba reconocerse una relación genética entre ambos patrones o sistemas. Salvo para casos excepcionales de lenguas con múltiples y complejos grupos consonánticos o variados tipos silábicos —como verbigracia el eslovaco con secuencia cuales *kde* 'donde' *klást'* 'poner', *krv* 'sangre', *kto* 'quien', *plot* 'valla', *pred* 'ante[s] – delante', *prst* 'dedo', *prv* 'antes – primero', *sklo* 'cristal', *smrt'* 'muerte', *stát'* 'estar [de pie], *svet* 'mundo', *vrch* 'colina – monte', *vstat'* 'levantarse', *však* 'sin embargo' o *vždy* 'siempre', por citar sólo unos pocos monosílabos— la silabematografía constituye la fonematografía más natural y primaria, ya que resulta el análisis más accesible para el hablante (§ II 3), en tanto que la fonematografía total o parcial (como la sinfonográfica, por representar las consonantes y no las vocales) supone un mayor grado de abstracción. Resulta, por ejemplo, más fácil reproducir al revés una secuencia como *Barrilete* (/barilete/) por sílabas /teleriba/ que por fonemas /etelirab/, tal como hacían los chavalines de la serie televisiva "Verano azul" cuando querían hablar "al revés" para no ser entendidos por los adultos. Es el estudio particular el que debe determinar cuándo cabe interpretar un sistema concreto como sinfonográfico (<ø> = /a/ ~ <B> = /b/) o como silabematográfico ambiguo (<B> = /ba bi bu…/).

Para unas cuantas escrituras del mundo la notación de fonemas consonánticos es o ha sido sistemática. Existen escrituras, como la ugarítica, donde esta relación se ha manifestado con especial rigor. En este tipo de escrituras, del sistema fonemático de la lengua se seleccionan los fonemas consonánticos como glotogramas sistemáticos. En realidad, pues, estamos ante un sistema fonematográfico parcial o selectivo. La escritura consonántica pura se dio en las primeras fases del fenicio y del gero, en el antiguo sudarábigo y en el tuareg (MASSON 1993: 29).

5. ALOFONOGRAMAS

Como alofonogramas podríase interpretar <C K Q> en época arcaica (§ V 2), cuando según los antiguos debía escribirse <K> ante /a/ o consonante (*C.I.L.* 1_2,585: *KALENDAE*), <C> ante /e/ o /i/ con el valor de /k/ —y en cualquier posición con el valor de /g/— y <Q> ante /o/ y /u/ (*C.I.L.* 1_2,583: *QVRA*; *C.I.L.* 1_2,1202: *PEQVNIAM*; *C.I.L.* 1_2,364: *QVOLVNDAM* por *colundam* o, en latín clásico, *colendam*; *C.I.L.* 1_2,474 y 479: *EQO* por *ECO*, esto es: *ego*, muy significativo por comportar una ultracorrección). Conocida la especial realización de /m/ final en latín, no sorprenden los intentos de dotar de representación a este alofono, a esta —en términos de QUINTILIANO (9,4,39)— *M mollita* o "eme ablandada". El apelativo es obscuro, algún remoto indicio, como el homosilábico <Ψ> definido *mollior* 'más blando' y *uolubilior* 'más mudable' que los heterosilábicos <BS> o <PS> en PRISCIANO (2,33 Keil), confirmaría la alusión a /–m/ antevocálica. VERRIO Flaco propuso escribir en estos casos *M non tota sed pars illius prior*, es decir: registrar solamente la mitad inicial del grafema <M> (Velio 7,80 Keil; SCHMIDT 1894: 1625), aproximadamente, pues, <|`>. No podemos considerar, por tanto, <|`> un alograma (§ II 6.5.1), por ser evidente la diferencia fonética entre ambos elementos, origen precisamente de la voluntad de notarla. El autor de la antiquísima (s. VI a.C) inscripción llamada de Cástor en Lavinio utiliza <ϟ> en posición final y <Ƹ> en posición medial; de ser especial la realización de /s/ final en el latín de esta época el alograma —y ya no alógrafo— <ϟ> sería un alofonograma; de pronunciarse como en las demás posiciones, sería —como el griego <ς>, que es una variante de <σ> en posición final— un lexograma (§ III 9).

Según la interpretación de MOORE (1898: 313) de unos pasajes de QUINTILIANO (1,7,23 y 9,4,39), otra marca empleada por CATÓN el Censor para este alofono habría sido una *m* 'tumbada' (aproximadamente <Σ>). En contra de esta opinión se manifestó KLOTZ (1931: 142), quien vuelve a ver aquí la grafía verriana, aunque Catón debía de postular simplemente <AE> o su comprensión <Æ> (para <F> antiguo por [w] § V 21). Asimismo una tendencia a utilizar <Y> como alofonograma del *medius sonus* (§ V 19) no llegó a imponerse.

Aunque con toda verosimilitud [ŋ] no constituía ningún fonema en griego antiguo, sino un alofono contextualmente condicionado, la presencia de aquel fono era regularmente registrada en la escritura mediante <Γ> (en <ΓΓ>), recurso conocido como *agma*, alofonograma imitado en latín por ACCIO (§ V 11). En el albanés de Italia el fonema comúnmente representado por <E> solía antiguamente escribirse de modo distinto cuando era átono a causa de la llamativa diferencia fonética entre ambas realizaciones (CAMAJ 1984: 8). En bielorruso la apofonía, por ejemplo, de /o/ en posición átona es, a diferencia del ruso (<котора>), registrada con un único grafema <A>: <катара>. Por influencia del castellano la escritura aimara emplea <E> y <O>, siendo en realidad [e] y [o] en esta lengua alofonos de /i/ y /u/. También, por ejemplo, en groenlandés ante <Q> o <R> se notan con <E> y <O> los alofonos de /i/ y /u/. El silabario cheroqui se procuró signos distintos para [ka] y [ga]; tal distinción no corresponde a ninguna oposición fonemática, sino a la influencia del inglés (DEVINE 1971: 348).

A veces, pues, en las escrituras emergen signos, específicos o no, para notar alofonos o precisas realizaciones fonéticas de los fonemas. Aunque, al parecer, ninguna escritura correspondiente a una lengua natural opera desde este fundamento, el denominado *Alfabeto Fonético Internacional* sería un ejemplo de un sistema —verdadero *sistema* literalmente— de escritura basado en este principio.

6. SILABEMATOGRAMAS

Como advertimos (§ II 3), contra la convención establecida cabría también hablar más específicamente de *silabematograma* que de *silabograma*, ya que la mayoría de las escrituras que utiliza este registro, no dispone de marcas para todas las sílabas o tipos de sílaba disponibles sino solamente para pocos tipos o incluso a veces, como verbigracia la escritura ibérica, para un único tipo: el básico de la secuencia consonante – vocal, que además en el caso del ibérico o de su derivación celtibérica solo se practica cuando la consonantes es oclusiva. Dispuso el latín de silabematogramas como <®> por <OR>, o bien el ambiguo —aproximadamente trazado— <Ŧ> por <TI> y por <IT>. Los silabematogramas, como las abreviaturas, eran frecuentes en inscripciones, donde el espacio podía resultar muy caro. El respeto al orden por contigüidad (§ II 6.2.2) hace que podamos seguir interpretando como comprensiones gráficas antes que como silabematogramas ligaduras del tipo <Æ> por <AE> o aproximadamente <P4> por <PH> y <ΛVꝛ> por <AVR>.

También el nombre de las letras (§ IV 3) propició el empleo de algunas consonantes como silabematogramas, así *DDROT* por *dederunt* (*C.I.L.* 1_2,378) o *LVBS* por *lubens* (*C.I.L.* 1_2,388). Terencio ESCAURO (7,15 Keil) nos cita otros ejemplos: <CRA> por *cēra*, <KRUS> por *cārus*, <BNE> por *bĕne*. Rechaza bien ERNOUT (1905: 310) la posibilidad de ver aquí síncopas, como para algún caso supusiera KENT (1966: 37), o algún otro fenómeno fonético. Con más razón, creemos, ERNOUT (1905: 314) achacó estas prácticas a una influencia etrusca. Es más bien conjetural la opinión de LINDSAY (1963) de que tal tipo de silabematografía prevaleciera durante un cierto período en la Italia peninsular. Muchas de las notas tironianas eran en realidad silabematogramas, como <√> (para /tu/ y /tuu/) o <ʑ> (para /nes/ y /nees/).

La notación sistemática de silabemas es propia de muchas escrituras y algunas de ellas, como la coreana (*Han'guk*) o la japonesa (kana: <ｶ ｷ ｸ ｹ ｺ> para /ka ki ku ke ko/), la reflejan con gran coherencia. Son glotogramas que representan secuencias fonemáticas contiguas, regularmente secuencias silábicas, esto es: con alguna vocal, aunque a veces tales signos no representan las sílabas fonéticas de una lengua dada, o todas sus sílabas, por lo que, como dijimos, también por ello preferi[ría]mos hablar de *silabemas* antes que de *sílabas*.

7. MORFOGRAMAS

Registros como <CC> por *consules* pueden ser consideradas morfográficos, ya que la iteración de la consonante no pretende otra cosa que notar el número plural, categoría morfológicamente reconocible en latín. Algunas lenguas del mundo forman la categoría plural o intensiva por reduplicación, esto es: mediante la simple iteración del nombre singular. Para la escritura de aquellas lenguas no hay procedimiento más económico que el de utilizar un único signo que de modo abreviado exprese tal reduplicación. En la escritura indonesia, por ejemplo, <2> o bien el superíndice <^{2}> puede ser utilizado para tal fin, escribiéndose <anak^2> en vez de <anakanak> 'niños'. Incluso cuando el indonesio es escrito en caracteres arábigos, el signo correspondiente a 'dos' en tal escritura es utilizado con idéntico fin. No puede, desde luego, considerarse que en indonesio <2> note una palabra, pues no hay una, sino muchísimas formas verbales equivalentes posibles, o tampoco un semema, ya que tal procedimiento no se aplica en otras formas donde la noción de 'intensivo' o 'pluralidad' esté presente. Nada parece más natural que interpretar <2> como notación de una categoría y un morfema específico. En la escritura Ido coreana, probablemente durante los siglos XII y XVI, se simplificaron algunos caracteres, los llamados *Kugyol*, a fin de que de modo no ambiguo pudieran notar morfemas (COULMAS 1991: 117). En la secuencia inglesa <passed>, <ed> es también un morfograma; compárense los homofonos <past – passed>, donde <ed> (*cfr*. <wanted>) expresa, a diferencia de <t> en <past>, algo más que un fonema.

Secuencias castellanas como <la[s] clase[s]> o <l@s ciudadan@s> pretenden reflejar la neutralización del número o del género. Llamamos **archigrafema** al signo que representa la neutralización de dos o más grafemas, ya disponga este de un signo específico (como <@>) o utilice en solapamiento el de uno de los grafemas implicados (*aliter* CONTRERAS 1995: 138), como <F S> en holandés: <dief> 'ladrón' y <dieven> 'ladrones', <roos> 'rosa' y <rozen> 'rosas'. Estos casos podrían considerarse también simplemente como instancias de notación fonematográfica, pero entonces no se contemplaría la circunstancia de que en determinadas posiciones no hay contraste entre lo que son dos operativos fonemas en otras posiciones. Este concreto tipo de neutralizaciones es muy común. También, por ejemplo, en el valenciano <sort> 'sordo' (del latín *surdu–*) frente al femenino <sorda>, la <T> final representa más bien una /d/ neutralizada que una /t/, la cual, en cambio, sí vendría representada por la <T> final en <sòrt> 'suerte' (del latín *sorte–* 'sorteo'), como en <sorteig> 'sorteo' o <sortut> 'afortunado'.

8. SINTACTOGRAMAS

La sospecha de que, al menos para determinados textos, el latín marcaba unidades oracionales, queda confirmado, entre otros, por el testimonio del *Monumentum Ancyranum*, donde se presenta una marca específica de interpunción para —con mayor o menor rigor según nuestras modernas pautas sintácticas— indicar oraciones.

Los llamados *signos de puntuación* que no presentan correlato fónico, sea prosódico o entonacional, en la lengua cumplen, al menos parcialmente, la función de notar elementos sintácticos. En bastantes escrituras —alemana, polaca, lituana...— es preceptivo el uso de la coma para introducir toda oración subordinada, aunque sea completiva y <,> en realidad no refleje, por tanto, ninguna pausa prosódica: "pienso que…", alemán <ich meine, daß...>, polaco <myślę, że...>, lituano <manau, kad...>. Haya o no pausa prosódica, muchas escrituras —la alemana, la holandesa...— separan, pues, las oraciones subordinadas con coma. A diferencia de lo que sucede en las escrituras europeas, el espacio interverbal en tailandés o camboyano no indica unidades léxicas, sino oracionales.

9. LEXOGRAMAS

Ya se ha mencionado (§ II 6.1.1.1) el doble procedimiento utilizado en latín para señalar, en notorio contraste con la escritura griega (*scriptio continua*), la separación léxica ora por espacio en blanco ora por interpunción a media altura. Ha de notarse también la especial sensibilidad de los latinos para las relaciones léxicas, cuestión que alienta muchos de sus tratados ortográficos, llenos de debates sobre si debe notarse <SCRIPSI> o <SCRIBSI> por mor de la analogía con <SCRIBO>, sobre si es lícito un <CVI> con <C> frente a otras formas del paradigma como <QVI QVAE QVOD> etc.

Tal como hace el latín, muchas escrituras separan las palabras, esto es: identifican las unidades léxicas —normalmente las con unidad tónica— de una lengua o por separación interverbal —las escrituras europeas modernas, la maldiva... — o por interpunción. Así se hace, por ejemplo, en las escrituras celtibérica, etrusca, ibérica, licia, osca, rúnica, umbra... Compárese la escritura de posibles secuencias como <lamáscaradatos> frente a <la más cara da tos> o <La máscara. Datos> o los ejemplos ingleses <seethemeat> y <anicebox> citados por GELB (1976: 41) e interpretables diversamente: *see the meat* "mira la carne" y *see them eat* "míralos comer"; *a nice box* "una caja chula" o *an ice box* "una caja de hielo".

Además, una unidad léxica puede ser marcada notando su elemento inicial, medio o final con signos diferentes, mediante alogramas, como en hebreo, mongol, urdu, árabe y ocasionalmente en griego <σέσελις> (= *séselis*) 'comino de Creta' (*tordylium officinale*; § II 6.5.1). Variaciones como en alemán <gehen – Gehen> con igual contenido semántico definen específicas categorías gramaticales: verbo 'ir' y substantivo '[el] ir'. Las mayúsculas, en efecto, se utilizan en muchas lenguas para denotar clases léxicas, como nombres propios o gentilicios, de modo que, en algunas escrituras, determinadas categorías léxicas presentan particularidades grafemáticas. Al escribir en bretón, donde la sonoridad de la consonante final está automáticamente regulada por la del siguiente fonema, se notan con sonoras los substantivos (<mad> 'el bien') y con sordas los adjetivos y adverbios (<mat> 'bueno – bien'); ya que en este caso no hay morfemas específicos para tales categorías, debemos más bien considerarlos lexogramas. Aunque el presente inglés <read> y el pretérito <read> contienen fonemas vocálicos distintos, podría decirse que la escritura ha preferido aquí una notación que marcara la relación léxica entre ambas formas antes que la pertinente diferencia fonemática. Los denominados *cartuchos* identificados en los jeroglíficos egipcios de la Piedra de Rosetta por Champollion como indicativos de nombres propios serían también ejemplos de lexogramas.

9.1 Etimogramas

Existe un tipo específico de lexograma merecedor de consideración especial. Buen número de escrituras, como la jemer (camboyana) o la tailandesa, disponen de una marca especial, situada encima del elemento correspondiente para indicar que la notación es etimológica y que, además, el elemento en cuestión no se pronuncia. Muchas escrituras disponen, pues, de signos para notar la no pronunciación de un elemento registrado en la escritura por razones de etimología. Se notará que en el español patrimonial, como en otros lenguas románicas, la <H>, también significativamente llamada *h* muda, cumple esa función de apuntar la etimología: *ha* (< latín *habet*) ~ *a* (< latín *ad*). El **etimograma** es una de las más frecuentes clases de lexografía. Asimismo en la interpretación de algunos (§ V 13) para notar /ii/ LUCILIO habría propuesto distinguir como etimogramas <EI> e <I>. En polaco el grafema <RZ> representa hoy el mismo fonema que <Ż>, esto es: /ʒ/, pero <RZ> pretende representarlo regularmente cuando este procede de una antigua vibrante palatalizada [r^j] (ergo <RZ> nota en realidad no simplemente /ʒ/ sino ||ʒ||; con || || notamos aquí un lexograma) lo que facilita además reconocer la parentela del fonema en otras lenguas eslávicas (polaco <rzeka> 'río': búlgaro y ruso <река>, eslovaco <rieka>, serbocroata <reka>…). En la escritura rumana <Î> y <Â> representan un mismo fonema, reservándose el último para formas especiales como <România>; y en la inglesa <E> en los sufijos <–able –age –ance –ate –ative> es solo un etimograma. Asimismo un mismo fonema /f/ puede en alemán ser representado por <V> en <viel>, por <F> en formas de origen latino como <Form> y por <PH> en las de origen griego como <Phosphor>.

9.2 Plurifuncionalidad del grafema

En latín la interpunción a media altura hace de este signo un grafema plurifuncional, ya que puede ser empleado y como prosodograma y como lexograma. Un grafema, sea glotograma o no, puede, pues, no solo tener diversos valores —como español <C> para /k/ o para /θ/— dentro de una función, sino además desempeñar diversas funciones, y todo ello simultáneamente o no. Hablamos en este caso de **plurifuncionalidad**. Antes de adoptar espaciamiento y puntuación de la escritura inglesa, la cingalesa dispuso de un grafema llamado *cundaliya* cuyo valor era el equivalente tanto de nuestro punto final como de nuestros puntos suspensivos y el de indicar la repetición de una palabra. La escritura tibetana posee abundantes y palmarios ejemplos de grafemas con funciones múltiples aunque a menudo fácilmente reconocibles. Baste mencionar el grafema subscrito <<> llamado *va–zur*, que puede ser un hipofonematograma para indicar la sonoridad del fonema, pero que en otros casos es —simultáneamente— un fonematograma y un etimograma para el elemento foráneo /v/ o /b/, un morfograma identificando el radical, o un semograma (§ III 10) para distinguir homofonos (ejemplos en SCHARLIPP–BACK 1989: 32–33).

10. SEMOGRAMAS

Cabe considerar semogramas aquellas notaciones de numerales donde las oposiciones morfológicas o léxicas quedaban neutralizadas, de modo que un registro como <II> podía valer por *duo* 'dos', *duum–* 'bi–', *secundus* 'segundo', *bis* 'dos veces' o *bini* 'de dos en dos' como <IIVIR> por *duumuir*. Un buen ejemplo podría ser el <TERT> recomendado por CICERÓN para indicar la *res* a POMPEYO, quien dudaba entre escribir *tertium* o *tertio consul* para indicar que se era cónsul por tercera vez (Gelio 10,1,7). En latín muchos *prænomina* disponían de una abreviatura especial, como <M> = *Marcus*, <MAM> = *Mamercus* o <M´> = *Manius*, pero de modo que <M> equivale tanto a /maarkus/ en <M. Tullius> como a /maarkum/ en <ad M. Tullium>, en razón otra vez de su individualidad resultaría forzado considerar lexogramas a estas abreviaturas de nombres propios. Al neutralizar en un signo tantas categorías gramaticales como sea posible, muchas abreviaturas vienen a quedar reducidas a su significado más esencial, es decir: a su contenido semántico, diríase, a su puro semema.

Aunque la existencia de una unidad que clasifique u organice los componentes semánticos de un signo lingüístico es, por razones básicamente epistemológicas, muy controvertida desde el análisis lingüístico, sucede que, al menos como tal unidad, parece ser analizada por la escritura en muchos casos y que adicionalmente se presenta como un útil expediente descriptivo. Hasta donde podemos saber de escrituras como la del egipcio o la del sumerio, parece que en estas los a veces llamados *determinativos* representan sobre todo nociones semánticas. El egipcio contaba con determinativos del tipo 'hombre – mujer', 'agua – fuego', 'árbol – planta', 'acción – abstracción'... Así, la notación para Isis (o *Aset*) presentaba, además de los signos para /s/ y /t/, un determinativo indicando feminidad y otro, divinidad femenina. En sumerio el determinativo 'madera' junto al elemento significando 'arar – arado' indicaba que se trataba de esto último, mientras que con el determinativo 'hombre' se significaba 'arador' (ejemplos de COULMAS 1991: 65–67 y 78). Paralelamente también en chino la mayoría de los caracteres incorpora un determinante o —así llamado— *clasificador* semántico. Lo significativo es que estos elementos no se dejan analizar ni como morfemas, ni como lexemas, ni como palabras, ni como otro tipo de unidades. Tomemos el signo sumerio para 'esclava' y que se deja interpretar como constando de los signos para 'mujer' y para 'montaña' pero no como la suma de dos morfemas, dos silabemas, dos lexemas o dos palabras († 'montañesa'), o de todos ellos a la vez, sino más bien como la suma de dos nociones semánticas. Simíliter en chino el grafema que incorpora los caracteres de 'boca' y 'pájaro' no significa por metáfora ('boca') y metonimia ('pájaro') 'pico' sino 'cantar'; la yuxtaposición de 'sol' y 'luna' no significa 'astros' sino 'claridad'; la yuxtaposición de 'mujer' y 'mujer' no significa 'mujeres', sino… 'discusión'. Como conceptos abstractos y concretos los numerales pueden no solo ser utilizados como puros semogramas en muchas escrituras, sino que además son los mismos para muchas escrituras distintas. El lineal B micénico disponía, por ejemplo, de marcas para las unidades <|>, decenas <–> o centenas <o> (además de para millares y decenas de millar). Ahora bien, este es el único nivel lingüístico que por sus características puede pertenecer no solo a las lenguas, como <MAM> para 'Mamercus', sino también al lenguaje, como <500> por '500'.

10.1 Semogramas e ideogramas. Metaglotalización

La frontera entre los semogramas y los ideogramas puede, por supuesto, ser muy sutil. En consecuencia, cabe considerar semogramas únicamente aquellos grafemas que presenten en el sistema *otras* funciones como glotogramas. Si podemos considerar semogramas un gran número de componentes de los caracteres chinos o los símbolos numéricos de algunas lenguas, ello es por su metaglosia. En chino el carácter para 'cuchillo' actúa como clasificador (semograma) en muchos grafemas, pero asimismo funciona como silabematograma por /dao/ en otros. A veces podemos también tener empleos metaglóticos de ideogramas. En español los íconos (§ III 10.1.1) <✷⚄> representando un 'sol' y un 'dado' podrían ser interpretados como equivalentes a <soldado>. En inglés y solo en inglés los símbolos <U 2> podrían ser entendidos como equivalente a <you too>. Pero, pese al empleo metaglótico de <✷⚄> o <U 2>, solo podemos reconocer como glotogramas <U> (fonematograma) y <2> (semograma), y como metaglotizaciones <✷⚄>. La metaglosia, por cierto, suele ser solo un aditamento *extra* de los íconos, cuya naturaleza los aboca a funcionar primariamente —si es que no únicamente— como ideogramas. Lo natural es que <✷> signifique, como vimos (§ II 4), en las lenguas respectivas 'sol': *Sonne*, слъньце, *hvarə*, *heol*, *soleil*, *slunce*, *haul*, *sauil*, ἥλιος, *zon*, *sun*, *grian*, *sunna*, *sole*, *saule*, *sáulė*, *słońce*, *soare*, солнце, *suar*, *sunce*, y si representa /sol/ o la correspondiente secuencia (/sole, sura, zon/…) este será ya un valor suplementario.

10.1.1 Íconos, índices, símbolos

Según la relación entre forma y significado distinguimos básicamente la directa de los **iconógrafos** como <✈> 'avión', <✉> 'carta – sobre [de carta]', <✞> 'cruz', <👓> 'gafas', <🐒> 'mono', <✷> 'sol' o <✂> 'tijeras'; la indirecta de los **epidictógrafos** como <✈> 'aeropuerto', <✉> 'correos', <✞> 'cementerio', <👓> 'óptica', <🐒> 'animal[es]', <✷> 'calor' o <✂> 'peluquería'; y la convencional de los **simbológrafos** como <✷> para la nota musical sol (= '♪'), <✞> un *locus desperatus* en crítica textual, <🐒> 'zoológico' o <✂> 'censura'. Todos los glotogramas son necesariamente y al menos simbológrafos: la relación entre <✷> y 'sol' (o

Sonne, слъньце, *hvarə*…) puede ser más o menos directa, pero la relación entre <✷> y /sol/ es tan convencional como la entre <X> y latín /ks/, griego clásico /kʰ/, celtibérico e ibérico levantino /ta/ o /da/, albanés /dz/.... Morfológicamente, en cambio, <✈ ✉ ✞ 👓 🐈 ✷ ✂> son íconos y <ABC> son símbolos, pero solamente <✷> '♪' (= /sol/) y <🐒> 'bonito' (= /mono/) son metaglotalizaciones (en español).

10.2 Los numerales

La teoría tradicional —procedente, al parecer, de MOMMSEN (1887: 598–601) en última instancia— hace provenir los grafemas para los numerales de la reutilización de fonematogramas vacíos, esto es: de los que han dejado de notar un fonema, fenómeno frecuente en la escritura (§ V 4 y 5). El *theta* griego <Θ> habría evolucionado gráficamente (Θ → *⊙ → *Ͼ) hasta convertirse en <C> para notar 'cien[to]'. El *psi* <Ψ>, valiendo /kʰ/ en la escritura griega occidental, se habría convertido (trámite probablemente *↓ → *⊥) en <L> para 50. El *phi* <Φ> habría dado <M> para notar 'mil[lar]' (RITSCHL 1869: 12–13; LINDSAY 1963: 34–36; TRAINA 1973: 17…). Tal explicación resulta en exceso teleológica y no siempre contamos con testimonios de los diversos estadios propuestos. Más seguro resulta sostener —con, por ejemplo, FARIA (1975: 60; para <M> como abreviatura de 'mil' *cfr*. ítem SOMMER & PFISTER 1977: 29; NÚÑEZ 1994: 170…)— que por acrofonía <C> habría substituido a <Θ>, si es que alguna vez fuese usada tal marca para 'cien', y <M> a <Φ>. En efecto, aquella exposición no sería, por ejemplo, para PISANI (1953: 90 n1) más que una *fable convenue*, una vez que no disponemos de testimonio de que <Θ> notase alguna vez 'cien' y de la dificultad de suponer todas esas transformaciones gráficas de <Φ> hasta convertirse en <M>. Según PISANI (1953: 89–93) la notación numeral latina sería explicable por influencia etrusca y por acrofonía, la cual explica bien, por ejemplo, algunas notaciones de la fórmula griega: <Π> de πέντε para 'cinco', <Δ> de δέκα para 'diez', <H> de (h)εκατόν para 'cien'. Cree PISANI (1953: 92) que <X> sería también acrofónico notando en su momento /t/, como en venético, pues se partiría de una escritura **tecem* (*<XECEM>) sin distinción de sordas de sonoras. En cuanto a <Φ> o su alógrafo <Θ> (o con barra interna vertical o diagonal: ⏀ ⊘), este no sería sino una <H> etrusca representando una antigua forma latina de *mille*, de la raíz *g^hesl–*, como en griego χείλιοι y sánscrito *sa–hásram* 'mil'. La evolución habría sido **hēl–i* → **heili* con posterior *m–* por influjo de *multi*, ergo *meil–(l)e* → *mille* (PISANI 1953: 92–93), lo que parece muy inverosímil. Asimismo, en el alfabeto etrusco <↓> era solo un alógrafo de <C>, por lo que sería utilizado en latín por acrofonía para *quinquaginta*. También por acrofonía tendríamos <V> para 5, ya que <V> en el alfabeto etrusco notaba /k/. La marca sería para PISANI (1953: 91) una deformación del *qoppa* griego o al límite una simplificación de <↓>, reflejando, en cualquier caso, el fonema inicial de *quinque*.

RIX (1969: 850–856) criticó las teorías de PISANI principalmente por basarse en un alfabeto demasiado parecido al véneto y no documentado en latín. Para RIX es satisfactoria la explicación tradicional de <V> para 'cinco' como la mitad de <X> (marca para 10), o de <D> para 'quinientos' como mitad de <Φ> para 'mil'. Casi lo mismo cabría decir de <L> para 50. Añade RIX que <Φ> como supuesta /h/ etrusca–umbra aparece solo a partir del s. III a.C.; antes es <H̲> (de donde latín <H>), y que en el Lacio <X> nunca podría ser un producto, como en venético, de un desarrollo secundario de la notación de /t/, ya que <X> valía /ks/ en el Lacio, y en Etruria esa misma marca indicaría una silbante. Para RIX solamente <C> y <M> se dejarían explicar por acrofonía y recuerda que no sabemos con certeza cómo representaban los etruscos los números 100 y 1.000. Se dirá, en fin, que, aparte de los casos de <C> y <M>, una explicación por iconismo para <I II III V X> recibe el apoyo tipológico de los afines procedimientos de otras escrituras, como las arábigas (en árabe <٤ ٣ ٢ ١>), sínicas (en chino <– = ≡>) u otras (en antiguo persa, posiblemente en ibérico).

Los numerales latinos son, por otra parte, cabales ejemplos del empleo de los rasgos de orden y distribución (<CMIV> '904' ≠ <MCVI> '1.106').

11. LOGOGRAMAS

La secuencia *Senatus populusque Romanus* en las *notæ Tyronianæ* se realizaba mediante un único largo trazo con alguna voluta en la parte superior (REISIG–HAGEN 1972: I 82).

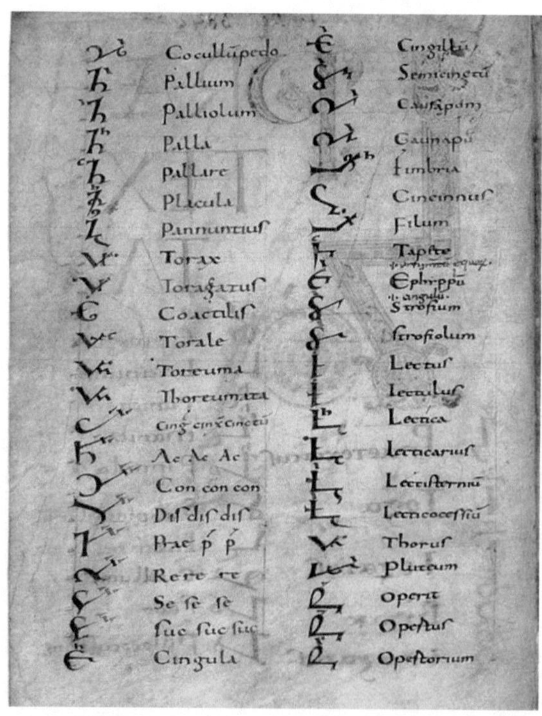

Página de unos medievales *Commentarii notarum Tironianarum* (*circa* 800–850) [dominio público]

Cabe interpretar, en cambio, la secuencia <SPQR> como una sucesión de logogramas antes que un fraseograma (compuesto), sucesión de distribución no ambigua, aunque <P>, por ejemplo, podía significar tanto *populus* como *Publius* o *publica*. Otra sucesión de logogramas es la comprensión, con base acrofónica —a base, pues de <OVF>— para <ORO VOS FACIATIS> "os ruego hagáis".

La fraseografía es propia de sistemas oficiales o colectivos como el código internacional de señales marítimas, así el gallardete equivalente a <O> indica también "¡hombre al agua!" y en código Morse <–·–> significa "listo para recibir".

A la derecha, en la línea superior, comprensión de *oro uos faciatis* (C.I.L. IV 9860)

IV. ASPECTOS DE FONEMATOGRAFÍA SINCRÓNICA

1. ESCRITURA Y ESCRIPCIÓN

Un sistema abstracto o ideal de escritura como tal (*scriptura*) puede manifestarse de manera a veces muy divergente a sus normas o principios teóricos en una práctica concreta o escripción (*scriptio*). Como actos normalmente individuales, las escripciones pueden presentar también grandes divergencias entre sí, aunque pertenezcan a un mismo ámbito espacial o temporal. Para examinar una manifestación concreta y sincrónica de la escritura —por ejemplo, de época clásica— puede, pues, ser aconsejable establecer un modelo determinado para su estudio, una escripción que se suponga lo más general y menos individual posible, habida cuenta además de que en Roma no se disponía de una normativa ortográfica oficial. En nuestro caso, podríamos centrarnos en las *Res gestæ* de AUGUSTO o *Monumentum Ancyranum*, texto ya editado por MOMMSEN en el *C.I.L.* (III 774). Es un testimonio muy apropiado para su análisis por la precisión de la fecha, hacia el 14 *V.i.*, por su carácter oficial y colectivo, por la fiabilidad de su texto, y por la posibilidad de confrontarlo con el texto griego en sus tres versiones mejor o peor conservadas, la ancirana: en latín y griego, apoloniense: solo en griego, y antioquena: solo en latín. En tal fecha y para tal documento el nivel sistemático estaba representado por un conjunto de grafemas que representaban los fonemas latinos, esto es: por fonematogramas.

Fragmento del *Monumentum Ancyranum* [dominio público]

2. SERIE Y LETRAS

El inventario de glotogramas sistemáticos estaba en tal fecha constituido, en la exposición tradicional, por 21 *letras* o fonematogramas simples (§ IV 4), las *nacionales*: <A B C D E F G H I K L M N O P Q R S T V X>, a las que habría que añadir las foráneas <Y Z>. La denominación de *litteræ* o letras era la más común entre los antiguos para esas marcas, aunque CICERÓN (*nat.* 2,93, véase *infra*) precisa: *formæ litterarum*. Al margen del examen directo de los testimonios gráficos de la época, los principales datos en favor de tal inventario para esta época son (Traina 1973: 17):

- El testimonio de Cicerón (*nat.* 2,93), quien habla de *unius et uiginti formæ litterarum.*
- El testimonio de Quintiliano (1,4,9), quien llama a <X> *nostrarum ultima*, lo que hay que interpretar como que, aunque el uso de <Y> y <Z> ya se había generalizado, todavía se tenía el sentimiento de ser éstos signos foráneos.
- El testimonio de Suetonio (*Aug.* 88), quien dice que Augusto inventara un sistema criptográfico donde cada letra equivalía a la siguiente, de modo que <X> equivalía a <A> y así sucesivamente.
- Por el hecho de que es también <X> la letra con la que aún terminan los alfabetos pompeyanos (Schmidt 1894: 1622; Moralejo 1972: 171–172).

3. LOS NOMBRES DE LAS LETRAS

Los *nomina* de las letras debían de ser *ā bē cē dē ē ēf gē h ā ī k ā ēl ēm ēn ō pē qū ēr ēs tē ū ix hȳ zēta* (Boüüaert 1975: 159–160; discusión pormenorizada en Gordon 1973: *passim*). Según Peeters (1928: 571–579) para dilucidar si el nombre de las semivocales era *ēf* o *eff* etc. sería determinante la escansión del verso tercero del epitafio XXXII de Ausonio: *Post ēM incissum est, puto, sic...*, pero el texto es aquí bastante dudoso (véase la edición teubneriana de R. Peiper, Stuttgart 1976, p. 84), y, en cualquier caso, la fonotaxis latina prescribe el tipo *ēf.* Este es el sistema que nos dan casi unánimemente los antiguos (*cfr.* [Sergio] 4,520 Keil; Prisciano 2,8 Keil) y parece sencillo:

- A las *mutæ* u oclusivas se les postpone una *e*.
- A las *semiuocales* o continuas se les antepone una *e*.
- La distinción *ce – ka – qu* se explicaría para diferenciar las velares.
- *Ha* sería tardío (Traina 1973: 23).
- La variante *ex* por *ix* se explicaría por influjo de las demás continuas. La *i* habría sido favorecida por la analogía con el *xi* griego (*cfr.* Eutropio *apud* Prisciano 2,8 Keil; véase Ullman 1927: 375). Explicación más singular es la de Cledonio (5,28 Keil: *ix [...] quia genetiuus –is mittit: pix picis, rex regis*), que parece sustentarse solo en la analogía morfológica con otros nominativos en *–[i]x*.
- *Hy* y *zeta* son los nombres griegos de la época.

Supuso Strzelecki (1958: 27), quizá sin demasiado fundamento (véase también Gordon 1973: 48–49), que los *nomina* de las letras habrían cambiado en las diversas épocas; en época de Lucilio, excepto *ha, ka* y *qu*, todas las demás consonantes habrían tenido un nombre formado con la adición subsecuente de *e* (*be, ce, fe, le*...). Tras esto vendría el sistema antes descrito y después otro, según el cual las semiconsonantes se habrían nombrado sin apoyo vocálico alguno. En todo caso, el tipo *eb* – *ep* quedaba excluso, ya que la probable neutralización de oclusivas finales las hubiese hecho indistinguibles (DESBORDES 1990: 174).

Nuestro interés por los nombres de las letras latinas se manifiesta en la eventual utilización de las letras por mor de su nombre, como silabematogramas, y en detalles más sutiles. Frente al tipo griego *alfa, beta*..., el latino con *a, be*... supone no solo una tradición distinta sino también y en razón de su menor polisemia un freno a las corrientes especulativas sobre la escritura. Mientras un fenicio podía en <𐤀> interpretar /ʔ/, *ʾaleph*, 'uno' o 'toro', y un griego en <A> interpretar /a/, *alfa*, o 'uno' y aun una nota musical, el latino leía solamente /a/ y el nombre de la letra *a* en su <A>. Prácticas cabalísticas como el isopsefismo (*uide* DESBORDES 1990: 78–80), o correspondencias entre letras con igual valor numérico, eran apenas posibles en latín. Griego era, no latino, el epigrama que, según SUETONIO (*Nero* 39: Νέρων, ἰδίαν μήτερ' ἀπέκτεινεν), hacía ver que el nombre de *Nerón* sumaba la misma cifra que el de "mató a su madre" en griego. Este pequeño detalle de relativa *oligosemia* o reducción de significados para [los nombres de] las letras —muy llamativa si la comparamos notoriamente con la de escrituras más orientales— está empero, a nuestro entender, lleno de importantes consecuencias. Habituados como occidentales al modelo de escritura latina, difícilmente puede sorprendernos su escaso simbolismo (§ V 13.1) o, por contra, su mayor capacidad lúdica (§ IV 3.1). Habituados desde hace siglos a que la escritura y tal modelo de escritura forme parte substancial de nuestras operaciones cognoscitivas, nos es difícil percibir la diferencia entre aquel proceder mental, occidental, que va de lo múltiple a lo uno y aquel otro, oriental, que va de lo uno a lo múltiple, entre la deducción y la inducción, entre la síntesis y el análisis, entre el *comprehendere* y el *discernere* (*cfr*. TORRES 1993: 20).

La tradición empero de dar gran importancia a los nombres y al orden de las letras se mantuvo, al parecer, vigente entre los romanos. QUINTILIANO (1,1,25) está en desacuerdo con la costumbre de que los *paruuli* aprendan antes orden y nombres que figuras de las letras. Para el aprendizaje de las letras los antiguos se servían además de variadas estrategias, en su mayoría lúdicas (*cfr*. Quintiliano 1,1,26; Séneca, *ep*. 15,2,51 [= 94,51]), aunque quizá ninguna tan bizarra como la diseñada para el hijo de HERODES Ático y quien, conviviendo con veinticuatro esclavos llamados cada uno con una letra (ὠνομασμένους ἀπὸ τῶν γραμμάτων), debía así aprender el alfabeto (Filóstrato, *uitæ* 2,1 [558]).

3.1 Lo lúdico como aspecto cualitativo

El elemento lúdico, en efecto, es otro de los más destacados aspectos cualitativos de la escritura. Ya hemos tenido ocasión de aludir a prácticas como los palíndromos (§ II 6.2.1). Si algunos fenómenos aspiran a ser representaciones orales, como verbigracia la imitación gráfica en los tebeos de Ásterix del acento de los correspondientes hablantes mediante diversos expedientes, otros, los más significativos, serían exclusivamente gráficos, sin equivalente oral factible o posible, así en ciertos pasatiempos, muchos de los cuales se proponen alterar la relación entre el significante y el significado, como en los jeroglíficos, o alterar el orden normativo o usual, como crucigramas, saltos de caballo, juegos de letras (como <V**OTAN**O> que, como lema, se hizo en su día contra el ingreso de España para el *referendum* preceptivo), anagramas cuales <Salvador Dalí – Avida Dollars; Teruel Aragón – Regalo en ruta; Valencia – Va al cine>, los *carmina figurata*, ingenierías gráfico–literarias medievales como las de VENANCIO Fortunato o RÁBANO Mauro (§ II 4), acrósticos, telésticos, versos *rapportati*... La transgresión general (y sistemática) del código constituye la **criptografía**.

4. EL INVENTARIO CLÁSICO DE GLOTOGRAMAS SISTEMÁTICOS

El inventario de glotogramas sistemáticos en la escritura latina en época de AUGUSTO sería el siguiente:

<A> } /a/	<Á> = /aa/
<B> = /b/	<C> } /k/
<CH> = /k^h/	<D> =/d/
<E> } /e/	<É> = /ee/
<F> = /f/	<G> = /g/
<H> { /h/	<I> } /i/
<Í> = /ii/	<K> = /k/ (lexograma)
<L> = /l/	<M> = /m/
<N> =/n/	<O> } /o/
<Ó> =/oo/	<P> } /p/
<PH> = /p^h/	<QV> = [kw] (alofonograma)
<R> { /r/	<RH> = /r^h/
<S> } /s/	<T> =/t/
<TH> = /t^h/	<U> } /u/
<V́> = /uu/	<X> = /ks/
<Y> = /y/	<Z> = /z/

Morfológicamente eran fonematogramas **compuestos** <CH PH RH TH>, formado a partir de los simples <C P R T> y del simple <H> independiente, y <QV> a partir del fonematograma simple dependiente <Q> y del simple independiente <V>. Eran fonematogramas **complejos** <Á É Í Ó V́>, formados a partir de los simples independientes <A E I O V> y del diacrítico <´> sin valor propio. En efecto, no solo por razones paleográficas (*uide* OLIVER 1966: 160–162; § V 14) sino también por razones estructurales lo más económico —quizá también lo más exacto históricamente— sería analizar <|>, la *i longa*, como un grafema complejo, esto es: como alógrafo de <Í> por el fenómeno de modificación (§ V 14.1), siendo <|> su realización más frecuente, especialmente sobre soporte duro. Ápice e *i longa* aparecen prácticamente simultáneos desde el s. I a.C. Del 111 sería tal vez el primer ejemplo de *i* luenga (*E|VS*; OLIVER 1966: 159) y del 104 el del ápice (*MV́RVM*). Hay que notar que hasta muy tarde, hasta los s. II y III d.C. el ápice no se encuentra regularmente sobre <I> (STOLZ & SCHMALZ 1910: 31; LEUMANN 1963: 50) y tenemos normalmente <|>. Un registro como el *EXCÍDERE* del Monumento ancirano (1,15) es excepcional y puede tratarse de un error del grabador, una vez que en esta época se usó con bastante corrección (SCHMIDT 1894: 1625). Por tanto, la serie de *letras* o fonematogramas simples estaba compuesta por <A B C D E F G H I K L M N O P Q R S T V X Y Z>.

5. LA ESTRUCTURA GRAFEMÁTICA DEL INVENTARIO CLÁSICO

La representación **bicondicional** (↔ significando "E[SCRITURA] si y solo si L[ENGUA]") o de identidad (E = L) y unívoca (de una unidad por cada lado) estaba representada por los fonematogramas:

<B> = /b/	<D> = /d/
<F> = /f/	<G> = /g/
<L> = /l/	<M> = /m/
<N> = /n/	<Y> = /y/
<Z> = /z/	

Eran bicondicionales pero multívocos los **polifonos** o grafemas de un solo fonematograma para más de un fonema (E – LL):

<Á> = /aa/	<É> = /ee/
<Í> = /ii/	<Ó> = /oo/
<Ú> = /uu/	<X> = /ks/

Eran *bicondicionales*, pero multívocos los **poligramas** o grafemas de más de fonematograma para un fonema (EE – L):

<CH> = /k^h/	<PH> = /p^h/
<RH> = /r^h/	<TH> = /t^h/

La representación condicional estaba conformada por las relaciones de **inclusión**, ya fueran los glotogramas deficitarios (E } L) o ya excedentarios (E { L). Eran **deficitarios** (→ "si E entonces L"), pero de distribución no ambigua (∨ L ∨ L ∧ ¬ L ∧ L), es decir, con o un valor excluyente u otro (= ∨ 'o bien... o bien' pero solo un valor; latín *aut*) pero no (= ¬ 'no') incluyente (∧ 'y también – o asimismo'; latín *uel*):

<A> } /a/ (∧ ¬ <AA> = /aa/)

<C> } /k/ (∧ ¬ <C> = /k/ ∧ ¬ <CU> [kw] ∧ ¬ <KS> = /ks/ ∧ ¬ <ch> = /kh/)

<E> } /e/ (∧ ¬ <EE> = /ee/)

<I> } /i/ (∧ ¬ <II> = /ii/)

<O> } /o/ (∧ ¬ <OO> /oo/)

<S> } /s/ (∧ ¬ <KS> = /ks/)

<U> } /u/ (∧ ¬ <UU> = /uu/ ∧ ¬ <CU> = [kw])

Eran **excedentarios** (← "E entonces si L") pero de distribución no ambigua:

<H> { /h/ (∧ ¬ <CH> = /kh/ ∧ ¬ <PH> = /ph/ ∧ ¬ <RH> = /rh/ ∧ ¬ <TH> = /th/)

<P> { /p/ (∧ ¬ <PH> = /ph/)

<R> { /r/ (∧ ¬ <RH> = /rh/)

<T> { /t/ (∧ ¬ <TH> = /th/)

Eran **anisónomos** al notar unidades lingüísticas otras que fonemas:

<k> = /k/ fonematograma – lexograma

<qu> = /k/[w] fonematograma + alofonograma

Reducido su empleo a un puñado de formas comenzando por /ka/ (*Kalendæ*), en la práctica <K>, término marcado frente a <C> como lexograma para /k/, era un arcaísmo grafemático. Aunque tendía a desaparecer, <K> logró empero subsistir (estudio de la cuestión en LÓPEZ 1989). Nótese también que la polifonía quedaba atenuada en el caso de los complejos <Á É Í Ó V́>. Por otra parte, <X>, el único grafema simple polifónico no dejaba de presentar algunos apartamientos de la normativa en la escripción, aunque no tantas como en época antigua, cuando fueron frecuentes notaciones como <XS CX CXS XC XX> y, claro es, <CS> (STOLZ & SCHMALZ 1910: 25 n3; LINDSAY 1963: 5). El sistema, en definitiva, no estaba mal estructurado, aunque fuera necesario un gran esfuerzo para llegar hasta él, una vez que el punto de partida, como veremos (§ V), no manifestaba precisamente un alto grado de idoneidad (sobre la gradual adquisición de fonematografía se vea en general MORALEJO 1992: 47–54).

6. IDONEIDAD DE LOS GLOTOGRAMAS

Podemos ahora especificar el concepto de **idoneidad** de los diversos tipos de glotogramas diciendo como norma general que tal concepto es equivalente al de claridad intelectiva, economía ejecutiva y capacidad informativa. En los glotogramas preferimos lo claro a lo ambiguo, lo económico a lo costoso, lo más a lo menos informativo. Añadamos que debe primar el interés del receptor sobre el del emisor (§ V 6.1.1). En síntesis:

- La identidad (=) es preferible a la inclusión ({}). Es más idónea una representación como español <A> = /a/ que <Z> } /θ/.
- La univocidad (E – L) es preferible a la multivocidad (E – LL; EE – L). Es más idónea una representación como español <A> = /a/ que <X> = /ks/.
- En la multivocidad la polifonía (E – LL) es preferible a la poligramía (EE – L). Es más idónea una representación como español <X> = /ks/ que <LL> = /λ/. Un polifono es más informativo y más económico que un poligrama, el cual en teoría presenta el riesgo adicional de ser entendido como una sucesión de dos o más glotogramas unívocos.
- En la poligramía es preferible la proporción menor (EE – L) a la mayor (EEE – L). Es más idónea una representación como alemán <CH> = /χ/ (digrama), que <SCH> = /ʃ/ (trigrama), y este que <TSCH> = /tʃ / (tetragrama), ya que un número menor de unidades es más económico y en teoría aleja más el riesgo de ambigüedad.
- En la inclusión la deficiencia (E } L) es preferible a la excedencia (E { L). Es más idónea una representación como español <Z> } /θ/ que latín clásico <P> { /p/, ya que los deficitarios son menos ambiguos por remitir a un único referente, mientras que los excedentarios remiten al menos a dos.
- En la inclusión la distribución no ambigua (∨) es preferible a la ambigua (∧). Es más idónea una representación como español <C> /k/ ∨ /θ/ (∧ ¬ /k/ ∧ /θ/) que latín arcaico <C> { /g/ ∧ { /gg/ ∧ } /k/ ∧ } /kk/.
- En la deficiencia es preferible la proporción menor ($E_1 - E_2$ } L) a la mayor ($E_1 - E_2 - E_2$ } L). Es más idónea una representación como español <B> } ∨ <V> } /b/ que alemán <F> } ∨ <PH> } ∨ <V> } /f/. Verbigracia, las fórmulas del inglés <E EE EA IE EI I EY AY EO OE AE> para representar /iː/ (<me fee sea field conceive machine ley quay people subpoena Caesar> (en ejemplos de GELB 1976: 289) serían menos idóneas como fonematogramas que los grafemas del latín <C> y <K> para /k/.
- En la excedencia es preferible la proporción menor (E { $L_1 - L_2$) a la mayor (E { $L_1 - L_2 - L_3$). Es más idónea una representación como latín arcaico <T> { /t/ ∧ /tt/ que latín arcaico <C> { /g/ ∧ { /gg/ ∧ } /k/ ∧ } /kk/. Verbigracia como fonematograma inglés <A>, pudiendo representar cinco fonemas en <man was name father aroma>, sería menos idóneo que español <G> pudiendo representar solo dos fonemas, como /g/ en <gama> y /x/ en <gema>.
- La isonomía (E – L) es preferible a la anisonomía (E – L; e – L) por resultar más clara y económica —ya que la simplicidad es un componente de la economía— aunque sea menos informativa. Es más idónea una representación como bretón <LH> = /ʎ/ que leer

<ZH> (/h/ ∨ /z/ según los dialectos), aunque es menos informativa. En polaco <U> } /u/ es más claro y sencillo aunque menos informativo que <Ó> } /u/.

Según lo dicho, el glotograma más idóneo es el unívoco en relación de identidad (E = L) y el menos idóneo, el poligrama excedentario y ambiguo (EE { L_1 ∧ L_2). Como fonematograma un ejemplo de escasa idoneidad sería inglés <TH> } /t/ ∨ { /θ/ ∨ { /ð/ como en <Thomas thinks that>, y aun sería menos idóneo si <TH> pudiere entenderse como la sucesión de dos fonematogramas —en peregrinismos, por ejemplo— o si, además, <TH> funcionare también como ideograma.

V. FONEMATOGRAFÍA DIACRÓNICA

1. ORIGEN DEL ALFABETO LATINO

El alfabeto latino fue adoptado hacia el s. VII a.C. y es, con alguna interferencia griega, una adaptación del etrusco, cuyo alfabeto a su vez procede del griego, y este a su vez del fenicio. De aquella época en la que se pensó que el alfabeto era otra de las muchas deudas de los romanos con los griegos, y mediando una fase representada por la opinión de MEILLET y VENDRYES (1953: 32), quienes veían aquí un compromiso greco–etrusco, se llegó a otra fase que, con bastantes matizaciones, puede quedar sintetizada en la opinión de LEJEUNE (1957: 88), para quien los alfabetos latino, falisco, etrusco, venético, osco, umbro y lepóntico suponen un modelo principal: etrusco, y otro accesorio: griego. Primer defensor del origen etrusco del alfabeto latino fue muy probablemente BRÉAL (1890: 129–134); sus tesis recibieron un apoyo fundamental con el estudio de HAMMARSTRÖM (1920), cuyas ideas fueron secundadas por ULLMAN (1927: 373). Principales argumentos en favor de la mediación etrusca son:

- La presencia de una serie <C K Q> constituyendo fonematogramas deficitarios para un único /k/.
- La presencia de un fonematograma excedentario <C> valiendo /k/ y /g/ y que, de provenir del griego <Γ> por vía directa, debería de haberse empleado únicamente para /g/ (TRAINA 1973: 13).
- La existencia en latín de nombres monosilábicos para las letras (§ IV 3), en clara divergencia con el griego, argumento primeramente esgrimido, en 1920 por HAMMARSTRÖM (*uide* CONWAY 1922: 126 y GORDON 1969: 165). Se ha debatido sobre la posibilidad de que el mismo término latino para 'letra', *littera*, fuera forma de origen etrusco, lo que sería adicional argumento en favor de tal intermediario (*uide* SANDOZ 1991: 216–219). Contra ello CARDONA (1994: 51) remite al griego διφτέραι (así en Heródoto 5,58, siguiendo a E. PERUZZI, *Origini di Roma*, Bolonia 1973, II 9–53, *non uidimus*), significando διφθέρα 'piel tensa[da] – membrana' y siendo forma de la que en virtud de su temprano empleo como soporte escriturario se derivaron los sentidos de 'libreta – escrito'. Ahora bien, precisamente el paso de /d/, fonema inexistente en etrusco, a /l/ apunta a que esta lengua constituyera la vía por la que el término helénico entrara en latín.
- El testimonio de LIVIO (9,36,9) de que en otro tiempo la chiquillería romana estudiaba etrusco tal como estudiaba griego ya en tiempo de este historiador romano.

- Lo inconsecuente e inexplicable que resultaría una adopción directa del alfabeto griego de las colonias suditálicas, una vez que este ofrecía todos los fonematogramas bicondicionales que el latín podía necesitar excepto uno para /f/, como ha indicado GORDON (1969: 170).

El intermediario etrusco nos parece hoy evidente, pero hay que tener en cuenta que los autores del siglo pasado no conocían la existencia del alfabeto etrusco primitivo con los grafos <B D O X>, después abandonados. El descubrimiento en 1921 en Marsiliana d'Albegna de una tumba etrusca del s. VIII o VII con el alfabeto más antiguo completo conocido fue determinante al respecto (TRAINA 1973: 15).

CH PH Ś U T S R Q Ś P O S N M L K I TH H Z V E D C B A

Reproducción del alfabeto etrusco de Marsiliana d'Albegna [dominio público]

Hoy podemos precisar que el alfabeto etrusco introducido en el Lacio, con los alógrafos <(>, <ᛊ ϟ ⋧> y <Y V>, fue el de la variedad de las ciudades de Ceres y Veyes (WALLACE 1992: 117). Aunque solo, al parecer, SOMMER (*cfr*. LEUMANN 1963: 44), basándose en HAMMARSTRÖM (1920: 44), habría supuesto que el alfabeto etrusco procedería no de Cumas, sino de la Grecia central sita al norte del golfo de Corinto, en todo caso, los antiguos argumentos en favor de la dependencia del alfabeto latino del alfabeto calcídico de Cumas pudieron ser vistos bajo nueva luz: quizá como un modelo que afectó ya al mismo etrusco. Aquellos antiguos argumentos se basaban en las diferencias existentes entre el alfabeto griego oriental y occidental, y eran los siguientes (véase TRAINA 1973: 12):

- Mantenimiento del digamma <F> en el occidental.
- Mantenimiento del *qoppa* <ϙ>, en latín <Q>.
- Ausencia del ómega.
- Valor /h/ —y no /eː/ (o /ɛː/)— de <H>.
- Valor de <X>, no representando en occidental /kʰ/, fonema este representado en occidental por <Ψ>.

Con todo, conviene indicar que, a diferencia de alfabetos como el osco o el umbro, el latino se muestra más autónomo (DEVOTO 1987: 91–92). Es según BRÉAL (1890: 134) el alfabeto menos *etrusco* y más moderno de los itálicos, lo que se manifestaría principalmente en los siguientes hechos:

- Conserva y utiliza <B D O X>, tempranamente abandonados por los etruscos, lo que se explicaría bien por el influjo griego (CRISTOFANI 1978: 15).
- Adapta <X> como polifono dúplice (*duplex*) para /ks/.

- Adapta <F> como fonematograma de /f/, cuando los etruscos deben procurarse un signo nuevo <8>.
- Elimina fonematogramas vacíos como <Z Θ Φ> (DEVOTO 1987: 91; para <Z> v. § V 3).

2. EL INVENTARIO ARCAICO DE FONEMATOGRAMAS

Partiendo del supuesto de que el inventario fonemático era el mismo que el de época clásica, características principales de la fonematografía arcaica serían:

- La sucesión de dos vocales homofónicas es marcada con un solo grafema, de modo que <A E I O V> son fonematogramas ambiguos siendo unívocos y multívocos (polifonos) al valer respectivamente por /a/ o /aa/, /e/ o /ee/, /i/ o /ii/, /o/ u /oo/ y /u/ o /uu/.
- La sucesión de dos consonantes homofónicas es marcada con un solo grafema, de modo que <B D F L M N R S T> son fonematogramas ambiguos siendo unívocos y multívocos (polifonos) al valer respectivamente por /b/ o /bb/, /d/ o /dd/, /f/ o /ff/, /l/ o /ll/, /m/ o /mm/, /n/ o /nn/, /p/ o /pp/, /r/ o /rr/, /s/ o /ss/, /t/ o /tt/.
- <C> era un fonematograma excedentario (para /g/ y /gg/) y deficitario (para /k/ y /kk/) y ambiguo, siendo unívoco y multívoco (polifono) al valer por /k/ o /g/ o /kk/ o /gg/.
- <C K Q> eran fonematogramas deficitarios para /k/. La presencia de tan nutrida serie velar para, con toda probabilidad, un único fonema es normalmente explicada, otra vez, como debida a la influencia etrusca (§ V 1), para cuya lengua tal serie sí debía de ser fonematográfica. La aparición de alofonogramas en tal o cual escritura como reconversión de otros glotogramas procedentes de una escritura influyente con la que se está en contacto —como ya apuntábamos (§ III 5)— constituye un fenómeno común. Según la distribución apuntada por los antiguos (§ III 5) y detectable aún en los textos arcaicos serían alofonogramas (<C> = [c], <K> = [k], <Q> = [q]), aunque, naturalmente, de la escritura a la escripción podía haber considerables divergencias (*C.I.L.* I$_2$ 4: *COI*; *C.I.L* I$_2$ 4: *COSMIS*; *C.I.L* I$_2$ 445: *CERI*; *C.I.L* III 8862: *QAE*...).

Como observamos en el siguiente cuadro, el inventario fonematográfico latino arcaico estaba lleno de ambigüedad (∧).

<A> { /a/ ∧ { /aa/	<B> { /b/ ∧ { /bb/
<C> { /g/ ∧ { /gg/ ∧ } /k/ ∧ } /kk/	<D> { /d/ ∧ { /dd/
<E> { /e/ ∧ { /ee/	<F> { /f/ ∧ { /ff/
<H> = /h/	<I> { /i/ ∧ { /ii/
<K> } /k/ ∧ } /kk/	<L> {/l/ ∧ { /ll/
<M> { /m/ ∧ { /mm/	<N> { /n/ ∧ { /nn/
<O> { /o/ ∧ { /oo/	<P> { /p/ ∧ { /pp/

<Q> } /k/ ∧ } /kk/	<R> { /r/ ∧ { /rr/
<S> { /s/ ∧ { /ss/	<T> { /t/ ∧ { /tt/
<U> { /u/ ∧ { /uu/	<X> = /ks/

3. EN FAVOR DE <Z> EN EL ALFABETO ARCAICO

¿Deberíamos aún añadir <Z> al alfabeto arcaico? Autores como KENT (1966: 34) han supuesto que tal signo se habría utilizado para /z/ en época muy arcaica, pero que fonema y fonematograma habrían desaparecido substituidos por <R> y /r/. Otros, como SCHMIDT (1894: 1622), LEUMANN (1963: 47–48), KÜHNER y HOLZWEISSIG (1966: 9), TRAINA (1973: 16) o DELLA CASA (1973: 373) han supuesto, con más o menos limitaciones, la existencia de <Z> para /z/.

Sobre la existencia de /z/ en época arcaica tenemos el testimonio —controvertido— de MARCIANO (3,261), quien dice que el fonema era aborrecido por Apio CLAUDIO, a quien identificamos con el censor del 312 a.C., ya que al pronunciarse "imita los dientes de un muerto" (*Z uero idcirco Appius Claudius detestatur, quod dentes mortui, dum exprimitur, imitatur*). Contamos además con los testimonios de VARRÓN (*ling.* 7,26: *in carmine Saliorum*) y VELIO (7,51 Keil: *inueniatur in carmine Saliari*), según los cuales <Z> aparecía en el *Carmen Saliare*. Para RITSCHL (1869: 28) y otros, <Z> se encontraría también en algunas monedas procedentes de Cosa; según los menos, en el vaso de Duenos.

Por otra parte, a causa del problemático análisis del evolutivo fonema correspondiente, no está claro si el valor de <Z> en griego fuera /dz/ o /z/. Este último valor debía de estar muy extendido a fines de la República (*uide* HARRINGTON 1898: XXXVI), pero la pronunciación africada debió de pervivir algún tiempo; según VELIO (7,51 Keil), VERRIO Flaco prescribía para representar tal fonema no ya como <DS>, sino como <SD> para marcar sin duda el elemento oclusivo. Con todo, en un gramático este tipo de propuestas puede esconder *ortofonías* didácticas, es decir: la noticia sería en realidad indicio de que la pronunciación [dz] era totalmente obsoleta. Al rotular <MARINÉ> en su despacho universitario de la Universidad Complutense el Prof. Sebastián MARINER, catalán tarraconense, no pretendía con ello sancionar la pronunciación de sus alumnos madrileños, sino corregirla para que sonara como en catalán. En vano, ya que solo se consiguió que injustamente nos privaran a algunos valencianos de la esta sí cabal /r/ final de nuestro apellido. En cuanto a la presencia de <ΣΔ> en griego (tipo παίσδειν por παίζειν), ya mostró COCCHIA (1916: 135) que no era sino el reflejo de metátesis dialectales (para tratamientos dialectales en relación con el dseta o zeta griego véase MÉNDEZ 1991/3). Sobre el mismo tema podría agregarse también un testimonio tardío, los versillos *Scotti cuiusdam* sobre <Z> que hablan sobre el valor métricamente doble, o largo o breve, de dicho grafema (*uide* KLEIN 1876: 469: *Sumque duplex et inest etiam mihi dupla potestas./ Nam cum correpta uocalem sector in una/ parte modo breuior, rursus producor, ut optat/ carmine quisque suo uates, quod pangere certat*). Su valor prosódico era, pues, algo problemático (*uide* DEL CASTILLO 1990: 62), podía ser *duplex* o *simplex* como en (ejemplos de Cledonio 5,28 Keil) *Mēzenti* (Virgilio, *Æn.* 11,7; *cfr.* Μεζέντιος) y *nemorosă Zacynthos* (*Æn.* 3,270), de forma parecida al funcionamiento de /s/ + consonante en latín, que siempre hace posición en interior (Virgilio *Æn.* 7,71: *cāstis*), pero puede no hacerlo en final (Propercio 4,5,17: *consuluitquĕ striges*), lo que ayudaría a explicar la propuesta <SD> de VERRIO.

4. EN CONTRA DE <Z> EN EL ALFABETO ARCAICO

Contra la existencia de <Z> en el alfabeto arcaico pronunciose en su día HARRINGTON (1898: XXXIV–XXXVI) con estos argumentos:

- No tenemos testimonios fidedignos de su uso en latín arcaico (*cfr.* ítem STOLZ & SCHMALZ 1910: 26). La presencia de <Z> en la inscripción de Duenos o en otros documentos antiguos es conflictiva y dudosa (ya SOMMER & PFISTER 1977: 30, pero léase *infra*).
- Más discutible es su interpretación del testimonio ya citado de MARCIANO Capela: Apio CLAUDIO no podría haber proscrito —aunque Capela no nos dice exactamente que Apio la proscribiese— <Z> si hubiese estado en uso, pues tendría que haber proscrito también /z/, pero tal elemento debió de comenzar a desaparecer antes de CLAUDIO, y además difícilmente puede creerse que la voluntad de un solo hombre pudiese sin más liquidar un fono que estaba en boca de las masas.
- Solo a fines de la República <Z> representaría /z/ en griego, y sería entonces cuando los romanos, preguntándose por la ausencia de <Z> la habrían explicado por la anécdota claudiana.
- En su origen <Z> habría debido de escribirse <I>, mas la similitud con <I> la hubiese hecho en todo caso desaparecer.

Contra la existencia de un concreto grafo <Z> en el alfabeto arcaico se había ya antes manifestado HEMPL (1889: 38–39). Para HEMPL (1889: 35) <G> no es sino la antigua <Z> tras una serie de evoluciones gráficas, lo que explicaría por qué se situó en el lugar destinado a <Z> y no junto a <C>, del que, según la exposición tradicional (§ V 5), procedía. No habría, pues, sino simple reutilización de un fonematograma vacío —al desaparecer /z/— para /g/, representado entonces por el muy excedentario <C> (§ V 2). Pese al claro *dum exprimitur*, HEMPL entiende que el disgusto de Apio CLAUDIO proviene no de la pronunciación sino de la grafía. CLAUDIO se habría irritado ante <ϟ>, a la sazón alógrafo frecuentísimo, por ver aquí la dentadura mellada de un cadáver (¡!) y supone que, puesto que el latín no disponía de /dz/, <Z> era superfluo. Además, gamma, en su alógrafo occidental <<> se habría confundido con el capa o *kappa* <ᛕ>, y lo mismo, según HEMPL, habría hecho zeta, que en la escritura itálica se presentaba como <I ˥_ ˉ/_Z>, de modo que durante cierto tiempo /g/ y /k/ habrían sido indistintamente representados por <ᐸ>, <ᛕ> y <(>; incluso el *qoppa* habría participado en algún momento del batiburrillo. Al final se habría impuesto restringir el uso de *kappa* (y de *qoppa*) y favorecer las grafías que no precisaban levantamiento del *stylus*, de suerte que <ᐸ C> habría quedado como marca para /k/ y el frecuente alógrafo de zeta <ᛉ> para /g/.

El zeta en su forma <Z> aparece en Italia primeramente en las escrituras de dialectos itálicos que usan el alfabeto latino. Sería el desarrollo natural de <ϟ> utilizada para el nativo /z/, mientras que <S> se habría empleado, como en latín, solo para /s/. Después <Z> se habría extendido para /dz – z/ de los griegos. En latín existía una grafía <S> para /s/; en cambio, en osco la grafía era <Ϟ> o <Z>, tanto para /s/ como para /z/. Puesto que los oscos entendieron que <S> era distinto de su <Z>, cuando escribían su lengua en alfabeto latino, utilizaban <S> para /s/ y <Z> para su nativo /z/. Esto habría sucedido ya en el 140 a.C., un centenar de años antes de que los romanos comenzaran a transcribir formas griegas con <Z>, así que precisamente la absoluta identidad de los grafemas y fonemas oscos y griegos <Z> = /z/ habría propiciado su difusión. Para HEMPL, fue <ϟ> y no <Z>, lo que <R> habría desplazado en tiempos de Apio CLAUDIO. Sigamos a partir de aquí los argumentos de su exposición. Fonemáticamente la evolución habría sido /s → z → r/, pero grafemáticamente solo <ϟ → ϟ → R>, pues no tenemos, dice HEMPL (1889: 28) testimonio de que alguna vez ese paso intermedio /z/ fuera representado por <Z>. La historia del destierro de la *letra* no tendría, siempre según HEMPL, nada que ver con <Z>, pero MARCIANO, que conoce solamente <S> y no su alógrafo sinistrorso <Ϟ>, habría confundido este último con <Z>. Lo máximo que CLAUDIO pudo hacer, para HEMPL (1889: 25), fue favorecer la tendencia fonética de muchos postulando <R> donde antes se escribía <S ϟ Ϟ>; ello explicaría la noticia de que CLAUDIO hubiese "inventado" la letra <R> (Pomponio, *Dig*. I 2,2,36: *R litteram inuenit ut pro* Valesiis Valerii *essent et pro* Fusiis Furii; *cfr*. ítem Cicerón, *fam*. 9,21,2: *...L. Papirium Crassum, qui primum* Papisius *est uocari desitus*, y Quintiliano 1,14,13: *...ut* Valesii, Fusii *in* Valerios Furios*que uenerunt*). Para HEMPL además, *Coza* no es nombre latino. En VIRGILIO (*Æn*. 10,168) aparece *Cosa* y no **Cora*. Allí no podría tratarse más que de una grafía osca <Z>, mero alógrafo de <S> o de los angulares <ϟ Ϟ>, apunta este autor (1889: 37). De hecho, el grafo griego <Z> es relativamente tardío. No era en su origen letra epigráfica, sino que se desarrolló en la cursiva para evitar el levantamiento del *stylus*, y luego habría pasado, recuerda HEMPL (1889: 28), a la escritura monumental: <I ˥_ ˉ/_Z> ¿Por qué entonces iba el latín a disponer de un zeta distinto al de los dialectos itálicos y tanto en forma como en sonido? En osco y umbro <I> representaría la africada /ts/, mientras que tanto /z/ como /s/ serían representadas con <S ϟ Ϟ>. En cuanto al testimonio de VELIO, este debió de encontrar en el *Carmen Saliare* una <ϟ>, quizá sinistrosa <Ϟ>, y la interpretó naturalmente como

<Z>. Nunca, pues, se habría escrito en latín preclásico <Z> sino <ᛉ>, utilizada al final para notar /g/, mientras que <S ϟ ᛋ> serían alógrafos para notar [s – z] como en los dialectos itálicos.

Al margen de esto se notará que, aparte de por su diferente orientación, las formas <ϟ> y <ᛋ> pueden también quedar morfológicamente explicadas por reducción en un trazo de <ξ> o <Ƹ>, esto es: <ϟ> y <ᛋ>, lo que explicaría adicionalmente el fácil intercambio en la escripción de una y otra grafía.

Para POSTGATE (1901: 217–220), en cambio, el antecedente de <G ᛉ> no sería un alógrafo de zeta, sino de *kappa*; <‹> se habría desarrollado desde <Γ>, y <ᛉ> desde un *kappa* <ᛕ>. Durante un tiempo se habrían confundido ambos elementos para después usarse <‹> por /k/ y <ᛉ> por /g/, justamente los valores contrarios a los originales. Verificado este cambio, el fono representado entonces por <I> (el antiguo zeta) desapareció de la lengua y quedó abierta para <ᛉ> la posibilidad de ocupar como /g/ el lugar del zeta en el alfabeto. Zeta no habría sido, pues, un fonematograma vacío en el latín arcaico, dice POSTGATE (1902: 218–219), para quien la aversión de CLAUDIO debe referirse más al fonema que a la grafía. Tal fonema debía articularse dejando visible la dentadura, ya mellada, ya de anuncio de dentífrico... Tras examinar los diversos fonos a los que tal descripción podía aplicárseles ([f v θ ð]), POSTGATE se decide por /ð/, fonema que estaría representado en el dialecto griego de Elea por <Z> (ζίκαιον = δίκαιον, ζέ = δέ), por lo que imagina tal elemento, al menos para algunos dialectos, como paso intermedio entre [dz] y [z], proceso empero que no nos parece bien motivado. Además puede, no obstante, comprobarse —por ejemplo, en las fotografías ofrecidas por MARTÍNEZ (1984)— que la dentadura queda al descubierto en la articulación de bastantes otros fonos, como [t] (313), [s – z] (322), [tʃ] (328), [d] (332) o [r] (349).

La teoría de POSTGATE contiene, como vemos, bastantes más hipótesis que la de considerar que un eventual zeta latino (<I>) o que simplemente <S> hubiese notado [dz] o especialmente [z], valor más factible y fono de articulación no menos generosa con las dentaduras que [ð]. Al margen de la exactitud de la anécdota, es posible que un —por su pronunciación, ingrato a aquel CLAUDIO— [z], alofono intervocálico de /s/, evolucionara a [r^z] o a [r], alofonos de /r/, lo que comportó la grafematización <R>. Podemos, en cualquier caso, concluir reconociendo, como dato cierto (LEJEUNE 1993: 703), la supervivencia de <Z> entre <F> y <H> en el primer latín escrito, con un grafo <I> y funcionando pronto como fonematograma vacío o, en la denominación de LEJEUNE (1988: 51), “letra muerta”.

5. EL CASO DE <G>

Quedó así planteada la cuestión de por qué una *nueva* grafía <G> no fue colocada al final de la serie alfabética (como <Y> y <Z>) o junto a <C>, grafema del que, según la exposición tradicional, procedería, y de por qué ocupó el lugar que en la serie griega venía a corresponder a <Z>.

La exposición de HEMPL (1889) daría ciertamente buena cuenta de la ubicación de <G> en la serie a costa de una compleja explicación para su evolución gráfica. Según este autor, <G> debe ser antigua y no puede proceder de <C>. En antiguo griego occidental alógrafos del grafema zeta eran <I ± ᚦ>, lo que en Italia se convirtió en <ᚴ>, y en latín pudo dar <<>. El gamma griego tenía la forma <Γ> y representaba siempre /g/, por tanto, para HEMPL, <G> es en última instancia un alógrafo de zeta y no un desarrollo de gamma y por ello aparece siempre en séptimo lugar. Mientras <Γ> evolucionaba a <C> (<Γ < (C>), <I> evolucionaba a <G> (<I ᚴ (G>) ¿Cómo pudo zeta llegar a notar /g/? Como vimos (§ V 4), oscos y umbros habrían tomado <I> para /ts/, pero el latín no disponía de este elemento, el zeta <ᚴ> en principio no le era útil; su grafía era demasiado parecida a las del *kappa* <ᛕ> y del gamma <<> o <C>, de modo que acabaron confundiéndose las grafías <ᚴ>, <ᛕ> y <<>. Para HEMPL (1889: 32–33) sería determinante la —al parecer, supuesta— confusión en el alfabeto griego occidental de *kappa* <ᛕ> y gamma <<>, por lo que en un período para notar /g/ y /k/ habrían alternado *kappa* <ᛕ>, gamma <<> e incluso zeta. Finalmente *kappa* <ᛕ> y *qoppa* <Ϙ> quedarían reservados para usos especiales y, por su parte, <C <> y <(G> para /k/ y /g/. HEMPL cita ejemplos paralelos de la confusión en rúnico y celtibérico, donde también zeta habría pasado a marcar /g/ y gamma a marcar /k/. Hoy para esa confusión ya no es aducible al menos el celtibérico, que por lo general no distingue /k/ de /g/, de modo que el silabematograma <ᛇ> suele notar ambiguamente [ki] y [gi], aunque en algunas prácticas del denominado *patrón binoclusivo* o según otros *sistema dual*, las sordas suelen marcarse con un trazo tradicional, de modo que <ᛇ̸> representaría /ki/ y <ᛇ> /gi/ (se vea JORDÁN 2005). Por otra parte, tampoco parece cabalmente aducible el testimonio rúnico.

La exposición tradicional daría satisfactoria y simple explicación de la evolución gráfica de <G> a costa de una insatisfactoria y compleja explicación para su ubicación en la serie. Grafo del gamma occidental era <<> y <ᛕ> lo era del kappa. El alógrafo redondeado <(> de <<> acabaría desplazando totalmente a <ᛕ> y llegando así a representar y /g/, como en su origen, y /k/. Espurio CARVILIO Ruga o, mejor, su liberto (Plutarco, *quæst.* 54,59: ἀπελεύθερος Καρβιλίου), quien por el 231 a.C. tenía una escuela en Roma, habría inventado o propagado <G> para /g/, situando el fonematograma en el lugar de <Z> que, si existió en el alfabeto arcaico, habría desaparecido por el fenómeno fónico del rotacismo o conversión de la silbante en /r/. El propio nombre de **C**arvilio Ru**g**a podría haber inducido a uno o a otro cambio (KENT 1966: 36–37; HEMPL 1889: 29; TRAINA 1973: 16; DESBORDES 1990: 150; *cfr*. también la insistencia de nuestro Juan Ramón **J**iménez con su <antolo**j**ía> y afines). Tal discretismo gráfico, en efecto, por el que un grafema <<> se transforma en dos, en <C> y en <G>, es atribuida por autores como Plutarco (*quæst.* 54) o Escauro (7,15 Keil) a Carvilio Ruga o sus allegados, pero quizá sea algo anterior, de la época de Apio Claudio e incluso del mismo Claudio (Kühner & Holzweissig 1966: 8; Meillet & Vendryes 1953: 33; Kent 1966: 37), censor en el 312 a.C. Sea como fuere, la introducción de <G> causó las lógicas oscilaciones o ultracorrecciones (*C.I.L.* I$_2$ 364: *GONLEGIVM*; *C.I.L.* I$_2$ 1204: *MARGEI*), pero menguó la gran ambigüedad de <C>. Parece, en cualquier caso, seguro que <G> ocupó el puesto en la serie de <I> (basándonos sobre todo en el alfabeto de 21 letras y con <I> en séptimo lugar del s. IV; *C.I.L.* I$_2$ 2903; *uide* Flobert 1991: 524), ya procediera o no de este, resultando así la reestructuración:

<C> } /k/ ∧ } /kk/	<G> { /g/ ∧ { /gg/

6. SOBRE <C K Q>

Otro de los primeros cambios producidos en el alfabeto latino afectó a <C K Q>, fonematogramas deficitarios y ambiguos para /k/ y /kk/, o, según algunos testimonios antiguos (§ III 5), supuestos alofonogramas para [c k q] o afines, pero con escripción no siempre ortográfica (*C.I.L.* I$_2$ 4: *COSMIS* en vez de **QOSMIS*). Tal alofonografía propiciaba una teórica variedad en la notación de formas emparentadas (como **loqos*, *loci*, **loka* en la flexión de *locus* 'lugar') que entraba en conflicto con la lexografía, tendencia más natural en la escritura, ya que, de modo general puede decirse que notaciones excedentarias como <médico – medicina> (con <C> para /k/ o /θ/) son de emisión menos compleja que notaciones deficitarias cuales <analiza – analice> (con <Z> *uel* <C> para /θ/) o <elijo – eliges> (con <J> *uel* <G> para /x/), aunque no por ello más idóneas (§ V 6.1.1). De cualquier forma, se llegó finalmente, en una evolución cuyos detalles son obscuros, a una redistribución de los valores de <C K Q>:

- <C> se extendió con valor general de /k/.
- <K> fue prácticamente barrido del sistema quedando como lexograma.
- <Q> pasó a utilizarse sólo ante [w], notando, por tanto, [kw]. Mecánicamente, pues, en la escritura convencional <Q> no podía emplearse ante fonematograma otro que <V>. El paso ulterior lógicamente esperable, a saber: que <Q> se constituyera en un polifono <QV → Q> nunca llegó a materializarse, aunque hay testimonios, y antiguos, de esa tendencia (*C.I.L.* III 8862: *QAE*; *C.I.L.* VIII 5502: *EQITI*).

Puede sorprender la preponderancia de <C> sobre <K>, este gráficamente además igual al correspondiente griego. Aventuremos algunas razones:

- Quizá el mismo factor propiciador de la excedencia de fonematogramas para /k/ propició también su simplificación: el etrusco había dejado de usar <K> (Kent 1966: 36) en favor, como los faliscos, de <C>.

- <C> era de realización más cómoda y económica (SOMMER & PFISTER 1977: 31; GONZÁLEZ 1916: 122; § V 6.1), al menos sobre material blando. Adicionalmente <C> era grafía más compacta que <K>. Resulta que en virtud de contrapuestas tendencias (§ V 6.1.1) esperaríamos más bien <K> por diferenciación perceptiva —claramente distinta de <G>— y esperaríamos más bien <C> por uniformidad gráfica. Tanto <C> (<G O Q S>) como sobre todo <K> (<B D E F H L M N P R>) son grafías bien integradas en la escritura latina. <K> empero conocía un alógrafo <ĸ>, gráficamente ambiguo por poder propiciar una eventual confusión con <|<> o <|C>, esto es: con <IC>. Por otra parte, el latín, más que el griego, prefiere los grafos continuos, que no suponen un levantamiento del instrumento escribiente. Así, en latín no hay nada comparable al discreto <Ξ> griego. Dejando al margen aquellas grafías idénticas, podríamos considerar continua la griega <Σ> y las latinas <C> y aun <G S>, y discretas las griegas <Γ Δ Θ Λ Ξ Π Υ Φ Χ Ψ Ω> y las latinas <D F H L Q R V>.

Como fuese, <C> se impuso casi totalmente. La época que suponemos inmediatamente posterior a la redistribución de valores muestra las fluctuaciones esperables: *EQO* (*C.I.L.* I2 474) en época de los Gracos, *PEQVNIAM* (*C.I.L.* I2 583), *QVRA* (*C.I.L.* I2 1202) o los citados (§ V 5) *GONLEGIVM* (*C.I.L.* I2 364) y *MARGEI* (*C.I.L.* I2 1204). El antiguo valor /g/ perduraría en las abreviaturas *Cn.* para *Gnæus* y *C.* para *Gaius* (*cfr.* Quintiliano 1,7,28–29).

<C> } /k/ ∧ }/kk/	<G> { /g/ ∧ { /gg/
<K> = /k/	<QU> = [kw]

6.1 La economía como aspecto cualitativo

La economía, en efecto, es un principio activo e importante de la escritura, como lo es también de la lengua, aunque no siempre haya sido suficientemente estudiado o valorado. La escritura es un sistema comunicativo de ejecución más costosa y, en condiciones normales, más lenta que el de la lengua. Muchos y muy diversos y substantivos fenómenos se explican por la voluntad de economizar sobre todo la ejecución del mensaje escrito. Los límites de la concisión suelen llegar hasta los límites de la claridad y eventualmente pueden traspasarlos. Fenómenos como la notación de la reduplicación en indonesio (§ III 7) pueden explicarse bien por el principio de economía, o también las múltiples abreviaturas de las que disponen prácticamente todas las escrituras —y, por lo general, tantas más las de mayor tradición o uso— y que pueden incluso constituir [hipo]sistemas específicos, como la estenografía o **taquigrafía**, que, de acuerdo al fin que persiguen, presentan manifiestas tendencias logográficas. Algunas neutralizaciones que se producen en la escritura se explican asimismo por motivos diversos de economía, como probablemente en francés <éphémère> en minúsculas pero <EPHEMERE> en mayúsculas con omisión de las tildes.

6.1.1 Contradicción en el criterio de economía

Pero el concepto de economía suele ser distinto e incluso contradictorio para el emisor y receptor del mensaje ya oral o escrito. En la realización manuscrita para el emisor un tipo de grafía muy uniforme resulta ser la más rápida y cómoda; para el receptor cuanto más variada es la grafía de cada grafema, tanto más perceptible es el mensaje. Subyacen aquí dos principios de la comunicación: redundancia y concisión. En alemán el uso de la mayúscula inicial para los substantivos es incómoda —por la reflexión que exige— para el escritor, pero útil para el receptor. Cuando los intereses del escritor y de lector entran en conflicto, hay que considerar prioritarios los del lector, ya que potencialmente es siempre mucho mayor el número de lectores de un mensaje que el de su[s] escritor[es]. Aunque la excedencia sea más cómoda para el escritor, definíamos como preferible la deficiencia (§ IV 6), ya que para el lector esta es más cómoda que aquella.

La economía de los diversos sistemas de escritura puede también ser contradictoria desde parámetros distintos. Los sistemas fonematográficos cuentan con un inventario más económico, pero comportan una ejecución menos económica. Ejecutar en latín <ANTIOCHUS>, con 9 grafemas, o <BILBILIS>, con ocho, es menos económico que ejecutar estas misma formas en celtibérico: respectivamente <ᐅᛚᛘHᛞᛗ>, con 6 grafemas, o <ΓΛΓΛᛚᛗ>, también con 6, pero siendo mayor el inventario de glotogramas sistemáticos del hemialfabeto celtibérico, exige mayor esfuerzo mnemotécnico para recordar 5 grafemas potenciales para /b/: <I ᛟ Γ Ж □> (= /ba be bi bo bu/), frente a uno solo en latín: <B>. Los sistemas sinfonográficos son, en cambio, aún más económicos en su inventario que los fonematográficos, y tan económicos en su ejecución como los silabematográficos.

Ya se comentó que mayor economía en el inventario de figuras puede comportar mayor dispendio en otros rasgos (§ II 6.3) y a veces también mayor dispendio en la ejecución. Para notar la numeración del cero al infinito el maya disponía de un inventario de tan solo tres figuras: una concha, caracol o figura similar a <Ⓓ> para el cero, un punto para el uno <·>, y una raya para el cinco <—>. El maya utilizaba además el rasgo de la situación, distinguiendo cuatro situaciones relativas según múltiplos de veinte, la primera indicaba la unidad; la segunda, veintenas; la tercera, cuatrocentenas y así sucesivamente, de modo que una cifra como <1492> podía escribirse registrando en la línea inferior de las unidades dos rayas (5 + 5) y dos puntos (1 + 1), en la línea supersecuente de las veintenas dos rayas (100 + 100) y cuatro puntos (20 + 20 + 20 + 20), y en la línea supersecuente tres puntos (400 + 400 + 400). La mayoría de las metaglosias actuales numéricas disponen, como sabemos, de 10 figuras: <0 1 2 3 4 5 6 8 9>. Así, mientras para tal cifra nos bastan cuatro utilizaciones o instancias de cuatro figuras: <1 2 4 9>, para los mayas era necesario solo dos figuras: <· —>, pero trece utilizaciones de las mismas.

En cuanto al latín, este disponía también de un inventario muy económico de siete figuras <I V X L C D M>, por lo que debía utilizar abundantemente el rasgo de distribución. Lo ideal, pues, es conjugar de modo equilibrado la economía del inventario con la economía de ejecución y lectura de los grafemas. Todo ello, naturalmente, al margen del grado de complejidad de los cálculos, muy alto, por cierto, en el caso maya.

español: <1492> – 4 instancias empleando 4 figuras de 10 (<**1 2** 3 **4** 5 6 7 8 **9** 0>)
latín: <MCDXCII> – 7 instancias empleando 5 figuras de 7 (<**I** V **X** L **C D M**>)
maya: <. . .
_ _ . . . .
_ _ . .> – 13 instancias empleando 3 figuras de 3 (<ↀ · –>)

Cuanto menor es el número de figuras y cuanto mayor el de grafemas de tanto mayor rendimiento puede, pues, calificarse un inventario (GELB 1976: 321). La escritura eslovaca presenta ocho fonematogramas para vocales y sonantes largas que, vamos a suponer, corresponden a ocho fonemas. En efecto, es controvertido que en eslovaco <I> e <Y> o sus correspondientes largos representen fonemas distintos; fonéticamente tienen hoy el mismo timbre, pero morfofonológicamente actúan como fonemas distintos, pues el valor representado por <Y> e <Ý> nunca palataliza la consonante precedente. Problemático también es el análisis fonemático del elemento representado por <Ä>. Eventualmente y a título ilustrativo se tomará por válida la descripción aquí realizada, de modo que tendríamos los siguientes fonematogramas <Á É Í Ĺ Ó Ŕ Ú Ý> y otros ocho para los correspondientes breves: <A E I L O R U Y>. Unos y otros serían el resultado de solo siete figuras: (A E I L O R U Y ´). En lituano —donde <O> es breve solamente en algunos peregrinismos— hallaremos por el contrario once fonematogramas: ocho para las vocales largas: <Ą Ę Ė Į Y O Ų Ū>, y cuatro para las breves, <A E I U>, como resultado de la combinación de nueve figuras: (A E I O U Y ˛ ˙ ¯). En latín el empleo del ápice permitía distinguir diez secuencias fonemáticas mediante seis figuras <A E I O V ´>. Podemos concluir que en este punto concreto los inventarios fonematográficos latino (6 para 10) o eslovaco (9 para 16) ofrecen mayor rendimiento que el del lituano (9 para 12).

eslovaco: <A E I L O R U Y Á É Í Ĺ Ó Ŕ Ú Ý> (para 16 fonematogramas 9 figuras: A E I L O R U Y ´)
latín: <A E I O V Á É Í Ó V́> (para 10 secuencias fonemáticas 6 figuras: A E I O V ´)
lituano: <A E I U Ą Ę Ė Į Y O Ų Ū> (para 12 fonematogramas 9 figuras: A E I O U Y ˛ ˙ ¯)

7. ALÓGRAFOS DE <E F L>

En época arcaica encontramos en la escritura latina los alógrafos <||> para <E>, <|ᑊ> para <F> y <|˪> para <L>, siendo este el más tardíamente documentado. Tales alógrafos son variantes contextuales, ya que no aparecen en documentos de carácter oficial (epitafios, dedicatorias, personalización de instrumentos...; LEJEUNE 1966: 145–146), razón además por la cual la datación de estas marcas es difícil de determinar; en cualquier caso, parecen emplearse desde el s. III (desde mediados del II para RIX 1969: 845). Tales grafías eran poco apropiadas para la escritura latina, no solo por la esperable preferencia —pues constituye un fenómeno aparentemente universal— de esta por las grafías continuas (§ V 6), más cómodas de realización, sino también porque gráficamente eran algo ambiguos, una vez que <| |> podía entenderse como una secuencia <II>, cuando además los romanos, como veremos (§ V 8), no eran, en los inicios de la práctica escrituraria, especialmente propensos a la geminación grafemática. No obstante, este tipo de expediente, al que LEJEUNE (1966: 146) califica de "estilo vulgar" podía justificarse por la adecuación de la escripción al soporte e instrumento de la escritura —por ejemplo, a un texto escrito con pintura sobre pared— ya que evitaba los trazos horizontales, lo que queda verificado por el hecho de que con este *estilo* se relacionan los alógrafos <Λ Λ Λ> de <A> o <Ⱶ ⅃> de <L> (§ II 5.1), así LEJEUNE (1966: 146), quien sugiere que quizá estas variantes alográficas hayan sido una innovación de una escuela de escribas. En cualquier caso, amplia y antigua fue la práctica de esta alografía. La mayor de las inscripciones celtibéricas en alfabeto latino incisas sobre la pared rocosa de la montaña de Peñalba de Villastar (Teruel) registra sistemáticamente <||> por <E> y <Λ> por <A> haciendo oblicua la línea horizontal de <L>.

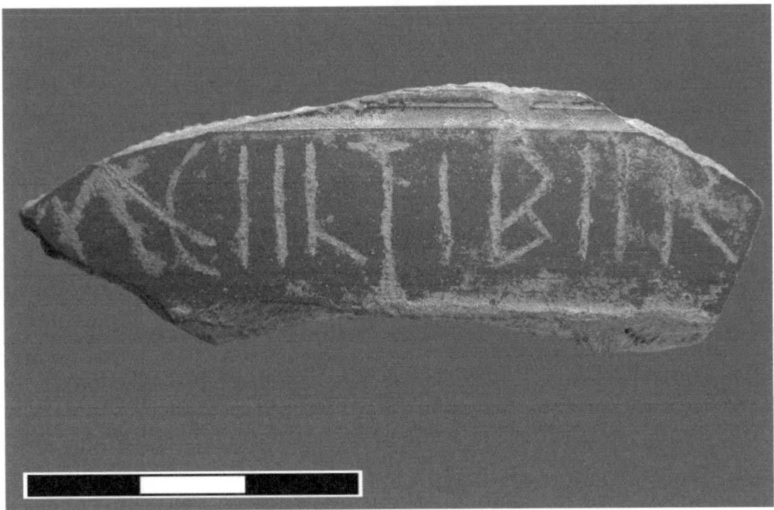

***CELTIBER*: con doble empleo de <||> para <E> en una *sigillata* romana (Fotografía de Lluís Molina)**

8. GEMINACIÓN CONSONÁNTICA

La escritura latina arcaica manifestaba grande rechazo a repetir sucesivamente una misma marca (KENT 1912: 41), incluso durante un tiempo se pensó que en aquella no se permitían dos fonematogramas iguales ni siquiera cuando uno era final y otro inicial de palabra (GOIDÀNICH 1940: 181). Ello ayudaría a explicar por qué para dos fonemas idénticos sucesivos la escritura latina persistió a veces en servirse de un solo fonematograma, como en los usuales *iuenis* 'joven', *ingenus* 'noble – libre', *exuiæ* 'despojos' o *Maia* '[diosa] Maya'. KENT (1912: 41) cree aun que es la repugnancia a la iteración gráfica lo que hace pervivir la secuencia <VO> por <VV>, como en el tipo *paruos* 'pequeño' (Quintiliano 1,7,26; *cfr*. FARIA 1975: 121). Tampoco el tipo <MAIIA>, practicado por CICERÓN y otros (Velio 7,54 Keil; Quintiliano 1,4,11) llegó a imponerse, aunque probablemente no solo por razones de economía gráfica sino grafemática, pues en la práctica en latín toda /i/ entre otras dos vocales se realizaba [j–j]: /maia/ → [maj–ja], por lo que <I> era un registro suficientemente claro. Como fuese, en época arcaica la relevante oposición fonológica del tipo *annus* – *anus* no estaba grafematizada (= <ANUS>). Según la tradición fue ENNIO —otro nombre afectado él mismo por la ambigüedad (STRZELECKI 1942: 1458)— el introductor de la notación de dos consonantes sucesivas. Los gramáticos antiguos (*cfr*. Festo 374 Lindsay) afirman que el procedimiento era un calco del griego, *Græco more*. ENNIO conocía el griego y el osco, por lo que quizá se inspirara también en los hábitos grafemáticos de sus paisanos oscos y mesápicos (LINDSAY 1963: 8; OLIVER 1966: 138 n25). La reforma debió de acaecer a principios del s. II a.C. imponiéndose lenta y progresivamente; uno de sus primeros testimonios sería el decreto de Paulo Emilio del 189 (*C.I.L*. II 5021) con *TVRRI*, *ESSENT* y *POSSIDERE* junto a *POSEDISENT*. Los datos confirman así que la "geminación consonántica" es de época enniana (SCHMIDT 1894: 1624) o, a lo sumo, un poco anterior (*uide* PERUZZI 1962: 123). El resultado fue el avance cuantitativamente más importante hacia la bicondicionalidad en la diacronía fonematográfica del latín:

<B> = /b/	<C> } /k/
<D> = /d/	<F> = /f/
<G> = /g/	<L> = /l/
<M> = /m/	<N> = /n/
<P> = /p/	<R> = /r/
<S> } /s/	<T> = /t/

9. EL *SICILICUS*

Procedimiento gráfico más económico puede ser el de marcar diacríticamente la geminación. Más tarde (*cfr*. Isidoro, *or*., 1,26,29) aparecerá una marca de tal índole, el *sicilicus*, o pequeño gancho <'> sobre la consonante afectada. El nombre de sicílico se relaciona con *sicilis* 'hoz pequeña' por su forma, ya sea directamente ya indirectamente por el nombre de una unidad de peso cuya abreviatura era aproximadamente <ɔ>. El sicílico no acabó de imponerse, se observa raras veces en inscripciones imperiales y casi siempre sobre consonantes continuas, así en *MVM̓IAES* (*C.I.L*. VI 21736) y *OS̓A* (*C.I.L* X 3743), pues son problemáticos los ejemplos sobre oclusivas, donde ciertamente es menos frecuente el fenómeno de la geminación consonántica, así en *VET̓VS* (*uide* OLIVER 1966: 145). Según Mario VICTORINO (6,8 Keil) empero el sicílico se empleaba ya mucho en los antiguos manuscritos. En el caso de las epígrafes, por motivos de economía práctica el uso del sicílico significaba una ventaja incluso mayor al poder ser empleado *a posteriori*, cuando el lapicida se daba cuenta que había olvidado repetir una consonante. En algún caso se usó también para los fonemas vocálicos /uu/ (*C.I.L* VI 281223: *STRENV̓S*). VELIO (7,80 Keil; *cfr*. también Isidoro, *or*. 1,26,29) dice que los antiguos, antes de utilizar la geminación grafemática, se sirvieran de una *nota geminationis*. Su testimonio, azaroso o corrupto (OLIVER 1966: 145 ^{n}3), no cuadra con nuestros datos actuales: o se equivoca, o se trata de un procedimiento del que no conservamos testimonios, o el sicílico es más antiguo de lo habitualmente supuesto. Algunas otras funciones del sicílico (véase WINGO 1972: 114–119 y también para más detalles) serían explicables por el fenómeno de multifuncionalidad del grafema (§ III 9.1).

10. LA GEMINACIÓN VOCÁLICA

Menos éxito tuvo el intento de transferir el mismo procedimiento desde las consonantes a las vocales. Aunque OLIVER (1966: 152–153) tenga razón en impugnar la autoría acciana, no es menos cierto que el procedimiento, por una razón u otra, suele aparecer asociado a ACCIO entre los antiguos (Quintiliano 1,7,14; Velio 7,55 Keil; Escauro 7,18 Keil). Los datos confirman que efectivamente en época de ACCIO el fenómeno tuvo cierta extensión. Los primeros testimonios hay que situarlos entre los años 142 y 134 (MORALEJO 1981/2: 587 n73; ÁLVAREZ 1989: 391), fechas en las que es datable un *AARAM* (*C.I.L.* I$_2$ 2238), aunque a veces se haya apuntado como primer ejemplo el *PAASTORES* del *Milliarium Popillanum* del 132 (*C.I.L* I$_2$ 638). Antes aún de la época de ACCIO, hacia el 200, tenemos un falisco *AASTVTEIS* (*C.I.L* I$_2$ 364). El expediente era mesápico y osco, escritura esta donde además está reservado normalmente solo para la primera sílaba, exactamente como en *PAASTORES*, pues teoréticamente esperaríase **PAASTOOREES*. El osco no disponía de <O> y se ha observado que no hay ejemplos latinos claros de <OO>, aunque sí un falisco *VOOTVM* (*C.I.L* I$_2$ 365). Con todo, notemos con OLIVER (1966: 135–136 y 154) que, como sucederá con el ápice (§ V 15), es frecuente que se note la geminación precisamente allí donde hay mayor riesgo de pronunciación deficiente, de pronunciación de breve por larga, esto es: en vocales átonas o no desinenciales, ya que las desinenciales están caracterizadas además morfológicamente. En el s. I a.C. el uso al menos de <VV> para la *u* larga (/uu/) no fue raro (SOMMER & PFISTER 1977: 32). En los manuscritos de VIRGILIO tenemos frecuentemente <VV> para la *ū* de la IV declinación (*metuus, curruus*) y casi lo mismo sucede en algunos manuscritos de PLINIO el Viejo, de modo que quizá fuese práctica propia del polígrafo comasco (Probo 4,116 Keil; *cfr*. LINDSAY 1963: 10). El procedimiento debió de ser criticado por LUCILIO (Escauro 7,18 Keil), quien señala que en el caso de *a*, larga o breve, debe escribirse tal como se pronuncia (*uno et eodem ut dicimus pacto,/ scribemus*), como los griegos (*Græci ut faciunt*). Al igual que muchos testimonios de LUCILIO —y no solo por su transmisión indirecta— este es problemático, es posible que LUCILIO viera aquí una norma afectando no tanto a la cantidad vocálica, cuanto al timbre, única perspectiva desde la cual resultaban idénticas las *a* de *āridum* 'árido' y *ăcetum* 'vinagre' (LINDSAY 1963: 10).

Contra la existencia en latín de la *geminatio uocalium* se manifestó en su día LAZZERONI (1956: 135) al sostener que esta aparece solo y siempre en aquellas inscripciones donde procedencia, onomástica y a menudo fonética y morfología revelarían presencia de itálicos, por lo que tales registros responderían a isoglosas dialectales itálicas y serían, por tanto, isogramas. Según LAZZERONI, la ditografía o escritura doble desaparece tras las guerras sociales, justo cuando cesa la producción de textos oscos y umbros y cuando los itálicos se convierten en ciudadanos romanos. Pero, *pace* LAZZERONI, no todos los ejemplos de geminación vocálica se dejan analizar como puros dialectalismos. También, por otra parte, ZANGEMEISTER (1902: 170–171) reconoció un <Ç> como polifono de /st/ (tipo *ÇIPENDIORVM*) en inscripciones renanas. El llamado *estigma*, documentado desde la primera mitad del s. I d.C., no tuvo, sin embargo, gran fortuna (STOLZ & SCHMALZ 1910: 28; GONZÁLEZ 1916: 152–153; LEUMANN 1963: 48). Nótese finalmente que los testimonios presentan <EI> en vez del esperado <II> o < I> (ya que <||> = <E>; § V 7 y V 12).

Cabe, en fin, preguntarse por qué no se impuso la geminación vocálica en la escritura latina, ya que habría propiciado un sistema con casi solo relaciones bicondicionales, máxime además cuando se contaba con el precedente consonántico, si bien no con la necesaria rúbrica del griego.

<A> = /a/	<E> { /e/
<EI> { /ii/ ∧ { /eii/	<I> } /i/
(<O> = /o/)	<U> = /u/

11. EL AGMA

ACCIO propuso asimismo <G> para representar [ŋ] escribiendo *aggulus, agcora* o *agceps* en evidente imitación del griego: *eiusmodi Græci et Accius*, dice ya PRISCIANO (2,30 Keil; *cfr.* también LINDSAY 1963: 12). A tal grafema se le denominaba *agma* y constituía en realidad un alofonograma (§ III 5), ya que [ŋ] no era sino una variante regular de /n/ ante oclusiva velar y probablemente, al menos en alguna época, de /g/ ante /n/ en solapamiento. El expediente anulaba una de las fonematografías bicondicionales del sistema, aumentando su ambigüedad, de <G> = /g/ se pasaba a <g> { /g/ ∧ { [ŋ], con este último valor solamente distribuido, solamente no ambiguo ante <C> (<GC> = [ŋk]), ya que <G> sí lo era: /gg/ { [ŋg] ∧ { /gg/ (*aggulus – agger*). Se entiende su escaso éxito.

12. <EI> PARA /II/

El antiguo diptongo [ej] (de /ei/) había pasado a pronunciarse [ij] (de /ii/) y lógicamente <EI> había quedado como notación de /ii/ en estos casos y aun desde allí pudo haberse extendido. A diferencia del caso de las demás vocales, no se necesitaba allí <II> para /ii/, ya que estaba en uso el empleo de <EI> con tal valor. El paralelismo griego, ofreciendo a la sazón pronunciación idéntica para <EI>, suponía adicional y prestigioso apoyo a la propuesta (LINDSAY 1963: 9). KENT (1912: 41 y 52) cree que ACCIO no postuló <EI> en vez de <II> (*cfr*. Mario Victorino 6,8 Keil) simplemente para evitar, como quiso LINDSAY (1963: 10), una confusión con el alógrafo <||> de <E>, ya que en las inscripciones no hay restricción para un registro <||I>, que es mucho más ambiguo, sino sobre todo para evitar una confusión con <II> disilábicas —o más bien para evitar secuencias <III>, según COLEMAN (1963: 4–5)— lo que era secuencia común en los paradigmas flexivos de los tiempos de ACCIO, mientras que prácticamente no se podían dar lecturas disilábicas de <AA EE OO VV>. No obstante, <EI> era notación problemática, ya que también podía entenderse como disilábica (<EI> { /ii/ ∧ { /eii/; tipo *alteis* 'altos' ablativo disilábico pero *aureis* 'dorados' ablativo trisilábico). No sorprenderán, por tanto, los intentos de reducir la ambigüedad de <EI>.

13. LA SOLUCIÓN DE LUCILIO

VELIO (7,56 Keil; *cfr*. Quintiliano 1,7,5; Carisio 1,79 Keil) nos transmite la solución propuesta por LUCILIO en un pasaje de este, como de costumbre (§ V 10), controvertido. El texto luciliano (9,353–363 Krenkel) es casi un *locus desperatus*, donde, entre otras cosas, la correcta interpretación de la puntuación resulta tan difícil como decisiva. Aunque LINDSAY (1963: 9) supuso que el debate afectaba a la distribución de <EI> e <|> (*i longa*), puede —creemos— también referirse simplemente a la de <EI> e <I> para /ii/. KENT (1911: 284 y 1913: 321) interpretó que según LUCILIO <EI> e <I> deberían aparecer allí donde etimológicamente eran pertinentes —por tanto, como adicionales etimogramas— aunque a tal fin tuvo KENT que proponer una nueva etimología para *mille*: LUCILIO sólo habría propuesto el respeto a las normas ortográficas de su juventud, cuando los valores representados por <EI> e <I> (para /ii/) aún no se habrían confundido. KENT (1911: 272–273) data la confusión con posterioridad al 150 a.C. y el nacimiento de LUCILIO en el 180, aunque para otros LUCILIO habría nacido en el 148. Sin embargo, según ESCAURO (7,19 Keil), LUCILIO prescribía <EI> para plural e <I> para singular, como NIGIDIO (Gelio 13,26,4; § IV 16). SOMMER (1909: 75) apuntó bien que aquí subyacería una teoría antigua, la del συμπάσχειν o 'simpatizar', de imitación de la forma al contenido, y que relaciona con el gramático TRIFON, de época augustea. LUCILIO habría recomendado <EI>, más largo, para notar el plural o una cantidad mayor como en *puerei* 'niños' (nominativo plural) e <I>, más breve, para el singular o una cantidad menor como en *pueri* 'del niño' (genitivo singular). La interpretación de SOMMER recibió el *placet* de STRZELECKI (1942:

1461), pero fue criticada por KENT (1913: 302) subrayando este las inconsistencias en la aplicación de tal principio —aunque estas son normales en todos los casos en las escripciones antiguas y podrían deberse también al propio LUCILIO— y el hecho de que TRIFON es decididamente posterior a LUCILIO, pero, como mostró STRZELECKI (1942: 1461), la teoría parece remontar en última instancia a la *Stoa*, y podría haber sido conocida por LUCILIO. Puesto que la escritura es un ámbito bien permeable a la ideología, no podemos hoy desechar una interpretación en clave de *cratilismo* o acomodación del grafema al significado, fenómeno para el que en latín no faltan ejemplos. Así, por ejemplo, una forma *kadamitas* quizá pareciera más atroz que *calamitas* (Mario Victorino 6,8 Keil: *Gn. Pompeius Magnus et scribebat et dicebat* kadamitatem *pro* calamitate) o, *praemium* con <AE> más digno que *precor* con <E> (Agrecio 7,114–115 Keil: præmium *cum| diphthongo scribendum*: pretium, precor *sine diphthongo*) etc. (*uide* DESBORDES 1990: 214–217; § V 13.1).

13.1 El simbolismo como aspecto cualitativo

Como hecho estético y producto social y humano la escritura puede incluir factores simbólicos. La *i longa* en la abreviatura latina (semograma) <|MP> (= *imperator*) se explicaría por la importancia atribuida al vocablo, según algunos (*cfr*. RODRÍGUEZ 1971: 166). En bengalí cuenta con logogramas especiales para 'dios' y para el dios Ganesa (aproximadamente <৭>), patrono de las letras. Parecidamente la mayúscula castellana utilizada como semogramas para distinguir homofonos corresponde a los elementos nobles de la pareja, como <Dios, Iglesia, Excelentísimo>, pero <dios Ganesa, iglesia gótica, excelentísimo mequetrefe>. El complejo sistema honorífico javanés aparece reflejado escrupulosamente mediante signos especiales en la escritura *kavi* espistolar. El iconismo de las figuras es frecuente causa de desarrollos simbólicos y también lúdicos. En la escritura coreana (*hangul* o *Han'gŭl* etc.) los grafemas pretendían reflejar icónicamente el lugar o la forma de articulación de los fonemas (COULMAS 1991: 119). Plena de simbolismo está la escritura —y la historia de la escritura— hebrea, donde, por ejemplo, la configuración del alef <א>, la primera letra, dio lugar a especulaciones místicas, como su utilización para representar la unidad de los diez *Sefirot* —'emanaciones' o atributos de la cábala— en él contenidos (ilustración y más ejemplos en GAUR 1990: 218–219).

13.1.1 Eugrafematización y cacografematización

El simbolismo puede propiciar la emergencia del fenómeno de la **eugrafematización** o apartamiento singular del código para ennoblecer un elemento. En las epígrafes latinas una eugrafematización es posible en los <PI|SSIMVS> con *i longa*, ya que un <PIISSIMVS> 'piísimo' podría entenderse como *pessimus* 'pésimo' a causa de la alografía <|| = E>. Por respeto al venerado zorro en China nunca se utilizaba la marca correspondiente sino la de un homofono; en las pirámides egipcias el silabematograma con figura de pez era evitado, ya que este era considerado un animal impuro (*cfr.* ítem escripciones del tipo <MVSEO, Raphael, Sophia Loren, hijo de p...>). El fenómeno contrario sería el de la **cacografematización** o apartamiento singular del código para mermar su dignidad. Para "la niña bonita" en hebreo se emplea la perífrasis 9 + 6 <טו>, ya que el esperable 10 + 5 <יה> comienza con las mismas letras que el nombre de Yahvé, evitándose así mencionar el nombre de Dios (*cfr.* ítem cacografematizaciones del tipo <kultura, okupa, hortografía> etc.).

14. LA *I LONGA*

La llamada *i longa*, de forma <|>, esto es: una prolongación hacia arriba o abajo de <I> y antecedente probabilísimo de nuestra <J> (<I → | → | → J>; *cfr.* RODRÍGUEZ 1976: 169), fue grafema frecuente desde la época de SILA fundamentalmente para representar como polifono /ii/ (= [ij]), pero también —y no sabemos si solamente en la escripción o también en la escritura— para /i/ inicial y para [j], no, al parecer, para [ji] (CHRISTIANSEN 1889: 29; LINDSAY 1963: 3–4; GONZÁLEZ 1916: 140–142), aunque esta es secuencia rara en latín. El grafo <|> puede ser considerado la realización más frecuente y temprana de <Í>, esto es: del ápice sobre <I> en el fenómeno de modificación morfológica (§ IV 4 y V 14.1). La explicación en ÁLVAREZ (1989: 392), tras observar mayor presencia de ápices en los papiros para <I>, a saber, que para el lapicida sería más fácil prolongar la incisión —virtualmente factible también para <A V>— antes que hacer una nueva para el ápice, es congruente con la aparición del fenómeno de modificación. Algún testimonio epigráfico antiguo presenta conjuntamente <|> e <Í>: *D|VO ÍVLIO* (*C.I.L.* I 626), pero sin que pueda determinarse con certeza la razón de tal variante, de suerte que de modo general puede postularse que <|> e <Í> no contrastan, resultando, en consecuencia, solo alógrafos de un mismo grafema y siendo <|> su realización más frecuente.

14.1 Modificación y desplazamiento morfológicos

Por razones relacionadas sobre todo con la ejecución práctica y real de la escritura, hay que considerar lógicamente que una absoluta identidad o correlación gráfica de las unidades grafemáticas, en cualquiera de sus rasgos, no es siempre esperable, ya que puede haber casos en que la realización correspondiente y proporcional de un grafo o de toda la marca resulte o imposible o enojosa. Hablamos de desplazamiento cuando la orientación o situación cambian y de modificación cuando la figura o módulo cambian. Por razones materiales o aun estéticas el hipofonematograma de palatalización en eslovaco, el *háček* o 'ganchito', se desplaza y modifica en <D'> <L'> y <T'>, a diferencia de <Č DŽ Ň Š Ž>. Teóricamente no hay una imposibilidad material para realizar †<Ď Ľ Ť>, pero por estética (§ V 14.1.1), claridad perceptiva o por la razón que sea, en estos casos donde <ˇ> debería situarse sobre una asta —pues hay también <Ĺ>— se ha preferido desplazarlo y modificarlo; en cambio, para notar los correlatos largos de las breves en eslovaco el elemento gráfico autónomo <´> ha mantenido orientación y situación sobre las astas tanto en mayúscula <Ĺ> como en minúscula <ĺ>. La situación es muy similar en checo: a las no palatalizadas <Cc Dd Nn Rr Ss Tt Zz> corresponden las palatalizadas <Čč D'd' Ňň Řř Šš T't' Žž>, es decir: con desplazamiento en <D' T'>. En el vietnamita, tenemos, por ejemplo, <A> y <Â>, para la indicación tonal podemos escribir <Á> en el primer ejemplo, pero para el segundo hay desplazamiento de <´>, así <Â´>. Desplazamientos afines se producen en otros casos. El silabario amárico ofrece buenos ejemplos y de desplazamiento y de modificación. En la escritura maldiva —supuesta la interpretación monofonemática de las vocales largas— la repetición del mismo signo que nota la vocal, indica en este caso que es larga, de modo que si <´> nota sobre el grafema correspondiente la vocal /a/, su correlato largo es notado con <´´>. La excepción confirma lo sistemático del principio: dado que la notación de /o/ incluye dos grafos <ޮ>, para su correlato largo se utiliza un grafo especial. Debemos no solo, por supuesto, considerar que la repetición del elemento correspondiente es en sí un procedimiento, sino que este además es sistemático, ya que, si bien no puede decirse que había imposibilidad material de trazar la correspondiente larga de /o/, no es menos cierto que por razones de economía y estética tal solución era poco práctica y enojosa. En hebreo, como vimos (§ III 3) un punto céntrico puede distinguir dos series consonánticas: <ד ה כ ≠ ר הּ כּ...>. En otro orden de cosas, el desplazamiento del punto se emplea en hebreo para distinguir dos fonemas: <שׂ> = /s/ y <שׁ> = /ʃ/.

14.1.1 La estética como aspecto cualitativo

Como sistema sígnico de percepción básicamente visual, en la escritura es esperable la incidencia de factores estéticos. Las llamadas letras ornamentales, a veces verdaderas artísticas obras maestras, de muchos códices medievales no tiene por única función la de indicar —como autograma— el comienzo de un libro o un capítulo, ya que para esto bastase el común agrandamiento del módulo. Ornamentales son también las letras agrandadas observables en algunos papiros literarios de la Antigüedad, pues ni en griego clásico ni en latín era utilizado glotográficamente el rasgo del módulo. En cambio, por bellos que puedan parecernos, algunos signos de la escritura tibetana son autogramas introductores de sutras o bien encantamientos. Naturalmente, la concepción estética de lo bello es relativa a cada cultura. Economía y estética pueden converger o divergir. En la escritura convencional hebrea los puntos, utilizados y necesarios para identificar algunas vocales y consonantes, son sistemáticamente eliminados. El resultado es también ambiguo pero económico y considerado más estético. Aunque en ruso la marca <Ë> es especialmente informativa al indicar además la calidad tónica de la vocal (= /j'o/), así en <Горбачёв>, en una lengua como la rusa con posición acentual apenas predecible, la ambigua notación con el archigrafema <E> ({ /je/) es frecuentemente preferida más por estética que por economía: <Горбачев>.

15. EL *APEX*

Expedientes para notar la geminación vocálica como <EI> o <AA> acabaron siendo suplantados por el *apex* o marca, similar en forma y función al sicílico, sobre la vocal afectada. Tal como para el sicílico <ʾ>, valiendo /m/ en <Mʾ>, /s/ en <Sʾ> etc., el significado del ápice estaba también determinado por distribución equivaliendo al fonema representado por el fonematograma subscrito, valiendo <´> así /a/ en <Á>, /e/ en <É> etc. Morfológicamente sicílico y ápice son apenas distinguibles, permaneciendo más evidente su diferente función para nosotros que para los antiguos, quienes, a juzgar por formas como *SVʾM* (*C.I.L.* III 371), no siempre los distinguirían. Por esta y otras razones OLIVER (1966: 155–158), contra la tradición antigua, cree que en realidad tendríamos dos alógrafos <ʾ> y <´> con sus dos nombres para un único valor: la reduplicación del fonema afectado, y un único grafema: una *nota geminationis*. Observando la aplicación del ápice en las *Res gestæ* podemos constatar numerosas excepciones a la normativa, las cuales en principio podríamos atribuir más a la escripción que a la escritura. Ha de tenerse además en cuenta que propiamente no existía en Roma una ortografía oficial (MEILLET 1924: 28). Los gramáticos recomendaban su empleo solamente, al parecer, para distinguir homofonos (*cfr*. Quintiliano 1,7,2–3; Escauro 7,33 Keil; Isidoro *or*. 1,27,29; ÁLVAREZ 1989: 391). Los testimonios presentan el ápice no solo para homofonos pero tampoco sobre toda vocal larga, sino que dicho elemento comparece especialmente para aquella larga de mantenimiento más problemático en la pronunciación (§ V 10). Puesto que, como el sicílico, el ápice no funcionaba en latín como fonematograma independiente y con valor propio —de modo que <´> no significaba, por ejemplo, /a/ sin más— los fonematogramas con ápice o con sicílico constituían glotogramas complejos y no había transgresión del principio de orden por contigüidad. Gráficamente el ápice era un procedimiento muy económico, su invención fue atribuida a NIGIDIO Fígulo por USENER (1869: 108) pero sin fundamento, ya que, a juzgar por los datos cronológicos disponibles, tendría que haberlo *inventado* siendo un chavalín (SWOBODA 1889: 23–24; OLIVER 1966: 156 n95). Supuesta ahora una aplicación exhaustiva del ápice y no solo en homofonos, estructuralmente el resultado era bueno, en cuanto evitaba cabalmente la ambigüedad, y a costa de un inventario apenas menos económico por la introducción de una nueva marca <´> —algo muy innovador, como el sicílico—, resultaba la ejecución más económica. El expediente, en cambio, es tipológicamente frecuente, citemos al menos el repetidor de silabematogramas <ヽ> en el kana japonés: <コ> para /ko/, <コヽ> para /koko/. Respecto a la iteración grafemática (<a> = /a/, ergo <aa> = /aa/) en la práctica el expediente era, sin embargo, menos idóneo por introducir la multivocidad, con polifonos —pero complejos (§ IV 5)— como <Á> = /aa/, y deficiencia (<A> } /a/). Histórica y morfológicamente el origen de la marca resulta obscuro (debate en OLIVER 1966: 140–144).

<table>
<tr><td><A> } /a/</td><td><Á> = /aa/</td></tr>
<tr><td><E> } /e/</td><td><É> = /ee/</td></tr>
<tr><td><I> } /i/</td><td><|> = /ii/</td></tr>
<tr><td><O> } /o/</td><td><Ó> = /oo/</td></tr>
<tr><td><U> } /u/</td><td><Ú> = /uu/</td></tr>
</table>

15.1 Heterografía y homografía

El empleo del espacio escrito en lugar del tiempo verbal es primordial causa de dos fenómenos característicos de la escritura: la **heterografía** de homofonos y la **homografía** de heterofonos.

15.1.1 Heterografía de homofonos

La propuesta de LUCILIO antes comentada (§ V 13) se explica bien como manifestación del común fenómeno de heterografía de homofonos, para la que además no faltan ejemplos en latín, como *exspecto* de *specto* ≠ *expecto* de *pecto*, *cum* ≠ *quom* (Quintiliano 1,7,4; § V 15). La escritura, en efecto, puede distinguir lo que fónicamente no se distingue, como en castellano <decena, el hijo, el hecho, el hado> ≠ <de cena elijo helecho helado>. La heterografía de homofonos es fundamentalmente explicable porque la lengua no es solo substancia fónica, no es solo significante sino también significado, de modo que aquellos otros elementos, como sememas, morfemas... de la lengua pueden, como vimos (§ III), ser también reflejados por la escritura. La heterografía de homofonos, fenómeno tan característico de la escritura, tiene a menudo su origen en la función fática y es fenómeno tan común como antiguo; ya babilonios, egipcios o chinos la utilizaron. Es indudable que tales expedientes suponen un análisis de la lengua o, según algunos, incluso del lenguaje. Y precisamente tal característica debe, a nuestro modo de ver, formar parte de toda definición de la escritura: la escritura, pues, es un análisis de la lengua, análisis sobre todo funcional pero análisis. La escritura, pues, puede no limitarse a registrar los aspectos puramente fónicos de la lengua, no es una mera fonematografía, sino que utiliza conceptos otros, gramaticales, que fonéticamente son imperceptibles, inmanifestables, por esa razón también nosotros distinguimos en la escritura, por ejemplo, los homofonos en castellano: <A/alba; B/bárbara; C/cándida; D/dolores; E/esperanza; F/fe; G/gracia; H/hortensia; I/inocencia...> etc. La capacidad para distinguir homofonos puede conocer pocos límites, en el silabario acadio se registraban hasta trece heterógrafos para /du/ (véase THUREAU–DANGIN 1926: 55). El japonés dispone de más de 60 (!) heterógrafos para /ko:/.

15.1.2 Homografía de heterofonos

A su vez, que la escritura no es mera fonematografía, no es mero calco del habla, queda claro también en esto: si la escritura va más allá de la lengua, también puede quedarse corta y no distinguir lo que fónicamente se distingue, como en lituano: <mano> = 'mi' (*màno*) /

'piensa[n]' (*mãno*), <antis> 'pato' (*ántis*) / 'seno' (*añtis*) o en griego <OYPOΣ> = 'viento favorable' (οὖρος) / 'canal' (οὐρός). Para muchas lenguas calidad y posición del acento son fonológicamente relevantes como en griego clásico o lituano y, por tanto, obligatorias para el hablante, pero no para el escribiente. El latín solía representar del mismo modo formas fónicamente distintas como latín: <MALVS> = /maalus/ 'mástil' y /malus/ 'malo'. Aunque en la escritura rusa no manuscrita <E> valga por <E> y por <Ë>, ningún rusofono puede inhibirse de pronunciar o bien [je] o bien [j'o]. La escritura hausa no distingue tonos ni vocales breves de largas, secuencias fónicas distintas como *cikī* 'dentro' y *cikī̀* 'estómago' resultan, pues, homógrafas: <CIKI>. La homografía de heterofonos es fundamentalmente explicable porque, establecido como más seguro el canal comunicativo y muchísimo más duradero, no es necesario un grado tan alto de redundancia como en el de la comunicación lingüística, y porque, establecida la escritura como una forma de comunicación mucho más artificial, requiere aprendizaje y un esfuerzo mucho mayor en su realización que en la realización del mensaje lingüístico, de suerte que es lógico que, en lo posible, se tienda a reducir sus dificultad y esfuerzo. La homografía es fenómeno tan común como antiguo. El ejemplo más conspicuo y de los más antiguos de homografía es quizá el de los patrones sinfonográficos, es decir: el de aquellas escrituras, como casi todas las semíticas, en las que se omite la notación de las vocales, registrándose solo las consonantes, de modo que muchas formas, distintas fónicamente, son gráficamente idénticas. Queda también claro que la sinfonografía o escritura consonántica supone asimismo un análisis, y no precisamente superficial, de la lengua.

16. LAS PROPUESTAS DE NIGIDIO

La cuestión de la homografía y la heterografía puede darnos licencia para un inciso sobre NIGIDIO Fígulo, otro personaje con muchas propuestas de reformas escriturarias. En él, en cierto modo, más que como propuestas personales, podemos ver encarnadas muchas de los postulados que fueron comunes a otros escritores o gramáticos, sobre todo a contemporáneos suyos. NIGIDIO eliminó <Q>, como también quería Licinio CALVO (Mario Victorino 6,9 Keil: *Licinius Caluus* Q *littera non est usus*), <K> y <X>, y como muchos —VARRÓN (*fragm.* 49 Funaioli) excluía también <X> y aún <H> (*cfr.* DELLA CASA 1973: 366)— entendía <H> como *nota adspirationis* (*cfr.* Mario Victorino 6,8–7 Keil) y pretendió diferenciar genitivo con <AI> de dativo con <AE> (*cfr.* Quintiliano 1,7,18–19; Velio 7,57–58 Keil), genitivo singular en <I> del nominativo plural en <EI> (§ V 13), genitivo y dativo de *ego*, y por la acentuación el genitivo del vocativo de los temas en *–ius* (Gelio 13,26,4; STRZELECKI 1942: 1463–1465). En el cómputo de NIGIDIO el alfabeto contaba con 17 letras. Queda de manifiesto en la afección a la heterografía de homofonos el buen conocimiento de las entrañas de la escritura por parte de NIGIDIO. Supuesto un triunfo de las tesis nigidianas el sistema latino se habrían convertido en una fonematografía con escasa ambigüedad, cuya única desviación notoria sería la, en la mente de NIGIDIO —así creemos— errónea interpretación de <H> como un hipofonematograma vocálico (<H> = $[^h]$), quedando, por tanto y al margen de unos cuantos morfogramas específicos (<–AI / –AE...> etc.), un patrón sin fonematogramas ambiguos (sin ∧) ni excedentarios (sin {; sobre la mayor idoneidad del grafema deficitario frente al excedentario § IV 6. Un deficitario no ambiguo, como español <Z>, resulta equivalente a un bicondicional con la diferencia de que necesita del rasgo de la distribución):

<A> } /a/	<Á> = /aa/
<B> = /b/	<C> = /k/
<D> = /d/	<E> } /e/
<É> = /ee/	<F> = /f/
<G> = /g/	<H> = /h/ (para Nigidio = $[^h]$)
<I> } /i/	<Í> = /ii/
<L> = /l/	<M> = /m/
<N> = /n/	<O> } /o/
<Ó> = /oo/	<P> = /p/
<R> = /r/	<S> = /s/
<T> = /t/	<U> } /u/
<Ú> = /uu/	

17. NOTACIÓN DE LA ASPIRACIÓN

En época arcaica los fonemas griegos $/k^h\ p^h\ r^h\ t^h/$ eran transcritos <C P R T>, esto es: del mismo modo que /k p r t/, tal como debían de sonar a oídos romanos, así *BACANAL* (*cfr.* βάκχη 'ménade') en el senadoconsulto *de Bacchanalibus* (*C.I.L.* I_2 581), que regulaba las fiestas populares en honor del dios Baco, *purpura* 'púrpura' para πορφύρα, *tus* —que quedará como la grafía más usual— 'incienso' para θυός (*cfr.* Quintiliano 1,5,20). Ese es el estadio que debería de presentar el texto plautino original (*cfr.* TRAINA 1973: 18). Los casos que escapan a esta norma, como <B> —y no <P>— por <Φ> (*Bruges* para Φρύγες 'frigios', *ballæna* para φάλλαινα 'ballena', *cfr.* Cicerón, *or.* 160) suponen un problema fonológico, no propiamente grafemático (entre muchos, FOHALLE 1925: 157–178; ALLEN 1989: 12–13; SAFAREWICZ 1986: 27–29; para <B – Φ> WALDE & HOFMANN 1938: 94–95). Posteriormente se añadió a tales marcas el fonematograma <H> para formar los digramas <CH PH RH TH>, en los que <H> podía ser analizado como marca del hipofonema de la aspiración. Existiendo <H> como fonematograma independiente, <CH PH RH TH> fueron los primeros fonematogramas compuestos de simples independientes (para <QV> § IV 4) o poligramas en imponerse en la escritura latina (para <OE>, <VI> y <SS> § V 18 y 20).

Sucedáneo de Bacanales: "Danza entre espadas" (Henryk SIEMIRADZKI, 1881) [dominio público]

El expediente no era malo, no solo porque su hipofonematografía facilitaba sus análisis y reconocimiento, también porque, ya que <H> nunca aparecía, como en la lengua, en la escritura convencional con valor de /h/ tras consonante, los registros <CH PH RH TH> en la práctica no podían ser interpretados como secuencias /kh ph rh th/, es decir: eran fonematogramas por distribución no ambiguos.

<C> } /k/	<CH> = /k^h/
<H> { /h/	<P> { /p/
<PH> = /p^h/	<R> { /r/
<RH> = /r^h/	<T> {/t/
<TH> = /t^h/	

En una inscripción del año 146 a.C. leemos quizá el primer testimonio con datación bastante segura del nuevo procedimiento: *ACHAIA* junto a un todavía *CORINTO* (*C.I.L.* I_2 626; discusión sobre la datación y autenticidad del testimonio en MORALEJO 1968: 30–36). El expediente no era original: una parte al menos de las escrituras griegas habían postpuesto también el signo de la aspiración a la consonante correspondiente (MORALEJO 1968: 9–10; el procedimiento es reconocido por Prisciano 2,11 Keil), por lo que el expediente puede ser considerado griego (Prisciano 2,18 Keil: *more antiquo Græcorum*), y pudo también ser ocasionalmente seguido por algún otro dialecto itálico: una inscripción osca transcribe κύλιχνα como **CULCHNA**, aunque, como en latín arcaico, lo normal es que aparezca solo la sorda correspondiente: así **ARKIIA** por Ἀρχίας. Parecidamente a lo sucedido con la ditografía consonántica, el nuevo procedimiento se convirtió, como afirma MORALEJO (1968: 2), en un proceso irreversible.

Solo ya en nuestra era emergen las primeras desviaciones de la norma, paralelas muy probablemente a la evolución fonemática de la lengua, de modo que en realidad no tenemos sino mantenimiento operativo de la orientación fonematográfica de la escritura latina. Cuando el valor representado por <Φ> había pasado a /f/, era lógico, disponiendo el latín de <F> = /f/, que fuera <F> el fonematograma encargado de representar el para los griegos nuevo fonema /f/, evitándose así unos deficitarios <F> } /f/ y <PH> } /f̲/. Ya esporádicamente en Pompeya encontramos <F> para <Φ> (*C.I.L.* VI 68: *DAFNE*), lo que comenzaría a ser bastante normal desde la época de Septimio Severo, muerto el 211, pero solo hacia el 350 iría imponiéndose. Además, ya desde época antigua, <F> había sido transcrita al griego como <Φ> (Schmidt 1894: 1626; Stolz & Schmalz 1910: 28–29; *uide* ítem Mommsen 1879: 75; Coleman 1963: 11–12; ilustrativo Quintiliano 1,4,14). Mommsen (1879: 75–76) ha hecho ver que la nueva transcripción latina contó, no obstante, con la oposición de clasicistas como Símmaco, y que no se llegó a transcribir con la nueva fórmula los antiguos libros de Cicerón o Livio.

18. INTRODUCCIÓN DE <Y>

Es <Y>, como lo será <Z>, una copia grafemática (§ V 19.1) del griego como lo es fonemáticamente /y/. El elemento griego en latín era representado en época antigua por <V> (*buxus* 'boj' – πύξος; *cfr*. Cicerón, *or*. 160; Escauro 7,25 Keil; Prisciano 2,36 Keil; Sommer & Pfister 1977: 30; Lindsay 1963: 30; Traina 1973: 18), ya que su valor básico [u] debía de ser el más afín al griego, o incluso quizá idéntico al griego, pues si en las áreas dialectales griegas en contacto con el latín [u] era en época antigua la pronunciación efectiva, una transcripción <V> como *cumba* 'barca – esquife' para κύμβα o *purpura* 'púrpura' para πορφύρα era la esperable (*uide* Coleman 1963: 11; Moralejo 1972: 168). Fuese la evolución del fono griego, fuese el contacto con otras áreas dialectales, el hecho es que los latinos sintieron la necesidad de transcribir [y]. Procedimiento antiguo fue la utilización de dos poligramas <OE> y <VI>. Del primero tenemos ejemplos como *Cloetemestra* – Κλυταιμνήστρα o *lagoena* 'botella – redoma' para λάγυνος. Quizá pretendíase representar el fonema griego mediante una /o/ más centralizada como [œ] o [ø] (*uide* Moralejo 1972: 170), aunque tampoco puede excluirse sin más un valor [uw], de *u* larga, para <OE>. En cuanto a <VI>, este aparece cuando en griego tenemos <KY>, dicho de otro modo, lo que en realidad se transcribe es <KY> por <QVI> (*quinici* – κύνικοι) y viceversa (Ἄκυλας – *Aquila*; Moralejo 1972: 170), ya que la /i/ latina debía de labializarse, dando [y ɨ] o afines tras [w] (para el debate se vea Mariner 1984: 129–135). Un tercer expediente <I> es también antiguo (Stolz & Schmalz 1910: 27; Lindsay 1963: 11; González 1916: 129; Hahn 1941: 25), si bien muchos de los testimonios han sido tradicionalmente interpretados como producto de una asimilación, quizá ya en la palabra griega originaria, puesto que abundan los ejemplos de palabras con /i/ en posiciones contiguas (Moralejo 1972: 180). Lógicamente <I> en correspondencia con el ípsilon helénico (<Y>)

reaparecerá más tarde, cuando en el propio griego se produzca el paso [y → i] (*cignus* – κύκνος).

La incorporación de <Y> debió de ser antigua, pero gradual; Mario VICTORINO (6,8 Keil) nos dice que en los libros de ACCIO, muerto después del 86 a.C., no había <Y> ni <Z>, mientras que —según la interpretación más usual de este pasaje— NEVIO y Livio ANDRONICO sí las habían utilizado (*quod ante fecerant Nœuius et Liuius*; véase STRZELECKI 1942: 1460), testimonio que, desde luego, no encaja con los datos epigráficos conservados, pues el primer ejemplo tradicionalmente esgrimido de <Y> es sólo del 78 a.C. (*C.I.L.* I_2 588: *CARYSTIVM*; MORALEJO 1968: 47–48). Quizá la noticia tenga que ver con el mantenimiento del alógrafo arcaico <Y> de <V> (§ V 1). Muchos textos de autores preciceronianos, de los que PLAUTO, por sus juegos de palabras (verbigracia *Bacch.* 129 y 362) sería el más afectado, debieron de verse actualizados con <Y> (KÜHNER & HOLZWEISSIG 1966: 9; TRAINA 1973: 18; HERRERO 1971: 15 n14, con errata; MORALEJO 1979: 169). Con <Z> sucedería lo mismo.

19. <Y> PARA EL *MEDIUS SONUS*

<Y> se extendió además para un alofono —ya de /u/, ya de /i/, o en solapamiento de ambos— para el llamado *medius sonus* y que podemos considerar de realización idéntica [y] o muy afín [ɨ] a la del elemento griego. Este fono era en latín notado y por <V> y por <I> (*optumus, optimus*). La incorporación de <Y> pudo haber puesto freno a estas oscilaciones, especialmente cuando existía alguna real o supuesta correlación griega, como en *GYBERNATOR* (κυβηρνήτες) 'timonel', *clypeus* 'escudo', *lachryma* 'lágrima', *lympha* 'linfa', *sylua* 'bosque', pero quizá advino demasiado tarde, puesto que con CÉSAR (*cfr.* Quintiliano 1,7,21; Velio 7,67 Keil; Casiodoro 7,150 Keil) quedó ya establecido el uso de <I> para el *medius sonus*, lo que evitó la aparición de un alofonograma (<Y> = [ɨ]). Posteriormente los gramáticos proscribirían explícitamente el uso de <Y> en formas latinas (*cfr.* Flavio Capro 7,105 Keil: *Y litteram nulla uox nostra adsciscit*; KÜHNER & HOLZWEISSIG 1966: 10–11; LINDSAY 1963: 11).

19.1 Las copias grafemáticas

Inspirándonos en MARICHAL (1950: 114), podemos calificar de préstamo o, mejor, copia aquel grafema de aparición repentina y con una marca no explicable como modificación progresiva e interna de sus grafos y dándose previamente tal marca en una escritura culturalmente contigua. Existen diversos tipos de copias grafemáticas. La más elemental es aquella en la que se adopta grafema foráneo para notar elemento foráneo. La escritura romana adoptó <Y> y <Z> del griego, tal como la lengua adoptara los correspondientes /y/ y /z/. Puesto que ni, por ejemplo, en lituano o letón /f/ es un fonema autóctono, se adoptó también el fonematograma <F>. Pero la copia puede ser solo lingüística: el armenio añadió una nueva marca, básicamente de conformación propia, para /f/. En el alfabeto gótico de Úlfilas <X> se usó sobre todo para «la transcripción de la importante palabra griega Χριστός, que suele aparecer en gótico —como la mayor parte de los *nomina sacra*— abreviado en <XS>» (DOÑAS 2002: 95 n10). A veces, pues, la copia puede ser solo de la marca, solo de su pronunciación o solo de su significado. En el proceso de adopción de la escritura china por otras lenguas fue general —así en coreano, japonés o vietnamita— el adoptar solo la forma gráfica y el significado del carácter en cuestión, pronunciándose este, sin embargo, según la correspondiente forma nativa, esto es: como si se tratara de un semograma. Por ejemplo, en el Chu nom vietnamita el carácter chino para 'golpear' y que corresponde a una secuencia fónica [ta], fue leído como [dánh], 'golpear' en aquella lengua. También escrituras como el acadio o hitita incorporaron muchos logogramas sumerios, los cuales eran pronunciados, sin embargo, según la lengua de recepción. Otro procedimiento frecuente en la adopción de la escritura china fue la utilización de la marca, pero prescindiendo de su significado. El carácter representante de 'ir' era en chino meridional pronunciado [hàng], homofono de la palabra para 'línea' en vietnamita, por lo que en esta lengua el carácter pasó a tener este último significado.

Una vez que el grafema pasa a notar elementos nativos, puede ya no ser sentido como copia. En última instancia, para casi todos los patrones de escritura los grafemas constituyeron en algún momento de la historia copias adaptadas. Estos grafemas pueden ser los mismos de la lengua de procedencia o de una tercera lengua pero distintos de los utilizados para las formas nativas, comportándose así como etimogramas. En muchas escrituras europeas el grafema <Q>, de procedencia latina, se utiliza solo para peregrinismos, sean latinismos, arabismos o de procedencia aun más exótica. No puede considerarse copia grafemática, en cambio, cuando la propia escritura nativa se procura unos signos especiales y los reserva solo para la notación de copias, como el citado caso del correspondiente signo para /f/ en armenio. Para la notación de cerebrales —tan frecuentes en las lenguas de la India— la escritura tibetana ha creado cinco grafemas nuevos invirtiendo simplemente, a modo de reflejo en un espejo, el correspondiente grafema más afín, es decir variando la orientación de la figura. En tamil se dispone de un repertorio de silabematogramas para formas sánscritas, y en la escritura tailandesa existen grafemas especiales para notar las copias del pali.

20. INTRODUCCIÓN DE <Z>

La introducción de <Z> tiene su origen, como en el caso de <CH PH RH TH Y>, en la voluntad de notar bicondicionalmente un elemento griego: /z/ (o /dz/). En época de PLAUTO y PACUVIO el latín se sirvió de <SS> en posición intervocálica y <S> en las demás posiciones —en la práctica solamente en inicial— para representar el fono foráneo (*Saguntum* – Ζάκυνθος, *massa* 'masa' – μάζα; *cfr*. Prisciano 2,36 Keil; Cassiodoro 7,157 Keil; y aún Velio 7,51 Keil). Con <SS> pretendíase probablemente subrayar el que, cual era la norma helénica (§ V 3), el elemento hacía posición, pero además, como notara GONZÁLEZ (1916: 127–128), el dialecto de Mesapia presentaba formas en –ίσσω frente al jónico–ático –ίζω, lo que pudo auspiciar, por ejemplo, todos esos verbos plautinos en *–isso* (*cfr*., en otro orden, el tipo *analyze* del inglés continental frente al *analyse* del inglés americano o el *analitzar* catalán frente al *analisar* valenciano). PRISCIANO (2,24; *item* 2,36 Keil: *dicentes et* Medentius *pro* Mezentius) nos dice que el fonema griego fuera también antiguamente (*antiquissimi [...] dicebant*) transcrito por <D> y nos da un único ejemplo (el ejemplo *odor* ἀπο τοῦ ὄζειν está viciado; *odor* es palabra latina), a saber: *antiquissimi quoque* Medentius *dicebant pro* Mezentius. La transcripción puede, en efecto, ser antigua intentando representar más bien la africada [dz] que [z], pero puede ser también moderna con *Medientius*, como en los manuscritos, para notar una consonante ya palatalizada. En todo caso, la forma no es latina sino etrusca, al menos ortográficamente (*cfr*. *MEZENTIES* en un vaso etrusco del s. VII; *uide* LEJEUNE 1988: 50–54; BRIQUEL 1989: 78–92; FLOBERT 1991: 524 n6) y, en todo caso, <Z> fue reintroducido (§ V 4) con este nuevo grafo en el sistema latino. Como en el caso de <Y>, su incorporación fue gradual (para la introducción así de <Y> como de <Z> *uide* en general PERL 1971: 196–233), solamente durante el s. I el empleo de <Z> llegó a extenderse, pasando a ocupar la última plaza en la serie alfabética. Según S. ISIDORO (*or*. 1,4,15: *usque ad Augusti tempus pro* Z *duo* SS *ponebant*) no se empleaba aún <Z> en época augustea, sin embargo, ya en el Monumento de Áncira (6,11: *ARTAVAZDIS, ARIOBARZANIS*, pero 5,31: *ARTAVASDI*) su uso está muy extendido.

21. LA REFORMA DE CLAUDIO

Para concluir ya quizá solo merezca la pena reseñarse la reforma propuesta por el erudito emperador CLAUDIO (Suetonio, *Claud*. 41; Tácito, *ann*. 11,14), quien aprovechó —*imperitante eo*, dice TÁCITO— su reinado (41–54 *a.D.*) para poner en práctica una normativa a la que como *priuatus* dedicara un volumen. Muy probablemente tal reforma tuvo en algún caso el consueto objetivo de lograr una bicondicional representación fonematográfica, una orientación bien patente en la escritura latina (MORALEJO 1992). Es así que el sistema fonemático postclásico era diferente en algún aspecto del sistema clásico, luego era lógico esperar algún intento de representar los nuevos fonemas o dejar de representar los desaparecidos. El peso de la tradición, no contrastante, era demasiado grave y tanto el conservadurismo propio de la escritura cuanto las inconsistencias propias de la reforma —más creando que solucionando problemas— se bastaron para desbaratarla, y las letras claudianas acompañaron al Orco al emperador: *post oblitteratæ* dice TÁCITO. Nótese, en definitiva, que lo que podemos reconstruir de la escritura claudiana no concuerda en general con su escripción. Obsta a la segura interpretación de los valores de los signos la escasa documentación epigráfica y su, por decirlo con SUETONIO, *usu promiscuo*, pero probablemente propuso CLAUDIO:

- El digamma inverso <Ⅎ>. Es la *littera Æolica* o *Æolicum digammon* (Prisciano 2,15 Keil) para notar lo que probablemente era ya un fonema /w/ (o /β/ o /v/; ergo <Ⅎ> =

/w/), lo que explica que fue el único signo bien aceptado o incluso simplemente aceptado, ganándose el aplauso de un QUINTILIANO (1,7,26; *cfr*. ítem Gelio 14,5,2), y que sea el único del que tenemos testimonios coherentes (*C.I.L.* VI 26067: *ℲIXIT*; *C.I.L.* VI 31537: *AMPLIAℲIT*). Esta propuesta se insertaría en una tradición antigua si fuera literalmente veraz CORNUTO (*apud* Casiodoro 7,148 Keil: *fecerunt et antiqui nostri, sicut scriptura in quibusdam libellis declarat*) al afirmar que los antiguos habrían diferenciado el valor consonántico [w] de /u/ mediante el alofonograma <F>, así *Ϝirgo, Ϝotum*, como, según este autor, aparecería en algunos libros antiguos, aunque no se puede excluir que alguna variante del alógrafo arcaico <Y> de <V> pudiera ser confundido con <F> (§ V 18).

- El antisigma <Ↄ> o <ↃC> (SUÁREZ–MARTÍNEZ 2024: 30–31), polifono para /ps/ o /bs/ (Prisciano 2,33 Keil), es decir: sería la versión latina del <Ψ> griego, pero no sabemos si CLAUDIO lo propuso en palabras latinas donde, como en griego, /ps bs/ son homosilábicos (tipo *urbs* 'urbe', *plebs* 'plebe'), o donde son heterosilábicos (*scripsi* 'escribi', *absto* 'me alejo – me aparto') o para todos los casos. De cualquier forma, <Ↄ> podría interpretarse como un archigrafema y concretamente archifonematograma, habida cuenta de la neutralización en un archifonema de /p/ y /b/ ante /s/ (<Ↄ> = [Ps]). El signo no está documentado epigráficamente.
- El comúnmente denominado *semidigamma* <Ⱶ> —SUÁREZ–MARTÍNEZ (2021: 66), sin base en las fuentes antiguas, dice que podría «haberse llamado *semieta* o *demieta*» (‽)— o para el <Y> griego o, en la interpretación más usual de un pasaje de VELIO (7,75–76 Keil), el *medius sonus* (así ya BÜCHELER 1856: 13–20; V 19). Los escasos testimonios nos presentan el *semidigamma* únicamente en formas griegas (*AEGⱵPTI, NⱵMPHIVS*; STURTEVANT 1968: 120–121), lo que sólo tendría algún sentido si supusiese el sincretismo de <I V Y> para notar un ahora común fonema grecolatino /y/ o afín (**optⱶmus*, **uⱶr*; ergo <Ⱶ> = /y/). El grafo <Ⱶ> se dio como grafema vocálico en beocio y al menos en osco —se cree que para notar una *i* abierta: [ɩ]— de donde debió de ser tomada por CLAUDIO (*cfr.* OLIVER 1966: 139).

Concluyamos: el emperador habría propuesto además <AI> en vez de <AE> a imitación del griego, al menos en *Caisar* (NIEDERMANN 1956: 60). Acaso quisiera aquí el *etruscólogo* CLAUDIO, autor de 20 libros de historias sobre los *tirrenos* (Suetonio, *Claud.* 42,2: *scripsit historias Tyrrhenicon uiginti*) relacionar el apelativo familiar con el término etrusco **ais[ar]* 'dios' reconstruible a partir de una noticia suetoniana (*cfr*. *Aug*. 97: aesar, *id est: reliqua pars e* Caesaris *nomine, Etrusca lingua 'deus' uocaretur*). Ciertamente ello sería poco congruente con uno de los previsibles objetivos de la reforma: evitar los grecismos gráficos, claro que quizá precisamente por ser incoherente habría sido sí, *pace* Robert GRAVES, una propuesta del divino

CLAUDIO. Con estos elocuentes versos en "El divino Claudio" (*Boski Klaudiusz*, 1983) el *divino* poeta Zbigniew HERBERT describió cabalmente el fatal destino de las letras claudianas:

«recuerda —oh posteridad— con la debida veneración y reconocimiento
por lo menos este mérito del divino Claudio
añadí al alfabeto nuevos signos y sonidos
amplié las fronteras del habla esto es las fronteras de la libertad
y las letras por mí descubiertas —mis amadas hijas— Digamma y Antisigma
iban guiando a mi sombra
cuando con paso renqueante me dirigía al tenebroso país de Orco»

"Un emperador romano. 41 d.C." de Lawrence ALMA TADEMA (1836–1912)

BIBLIOGRAFÍA CITADA

ALARCOS LLORACH Emilio «Representaciones Gráficas del Lenguaje», *Archivum* 25 (1965) 5–58.

ALLEN William Sidney, *Vox Latina. A Guide to the Pronunciation of Classical Latin*, Cambridge University Press, Cambridge 1989_2 [= 1978].

ÁLVAREZ HUERTA Olga, «El apex en los papiros latinos», *Actas* VII *Congreso español de Estudios Clásicos*, Universidad Complutense de Madrid, Madrid 1989, I 391–396.

BALLAIRA Guglielmo, *Esempi di scrittura latina dell'età romana. I: dal III–II secolo a.C. al I. secolo d.C.*, Edizioni dell'Orso, Turín 1993.

BISCHOFF Bernhard, *Latin Palaeography. Antiquity & The Middle Ages*, tradd. D.O. Crónin & D. Ganz, Cambridge University Press, Cambridge 1990.

BLÄNSDORF Jürgen, *Fragmenta poetarum latinorum epicorum et lyricorum prœter Ennium et Lucilium*, Teubner, Stuttgart–Leipzig 1995.

BOÜÜAERT Joseph, «Le nom des lettres de l'alphabet latin», *Latomus* 24 (1975) 152–160.

BRÉAL Michel, «Sur les rapports de l'alphabet étrusque avec l'alphabet latin», *Mémoires de la Société de linguistique de Paris* 7 (1890) 129–134.

BRIQUEL Dominique, «À propos d'une inscription redécouverte au Louvre: remarques sur la tradition relative à Mézence», *Revue des Études Latines* 67 (1989) 78–92.

BÜCHELER Franciscus, *De Ti. Claudio Caesare grammatico*, R.L. Friderichs, Elberfeld 1856.

CAMAJ Martin, *Albanian Grammar with Exercises, Chrestomathy and Glossaries*, trad. L. Fox, Harrassowitz Verlag, Wiesbaden 1984.

CARDONA Giorgio Raimondo, *Antropología de la escritura*, trad. A.L. Bixio, Barcelona 1994.

CHRISTIANSEN Jakob, *De apicibus et i longis inscriptionum Latinarum* (diss.), Ex oficina H. Fiencke Kiliensis, Kiel 1889.

COCCHIA Enrico, «Il ritmo del discorso studiato in rapporto alla pronuncia dei suoni e alla lettura dei versi classici», *Athenaeum* 2 (1916) 105–142 («Valore fonetico del z», 126–135).

COLEMAN Robert, «Two Linguistic Topics in Quintilian», *Classical Quarterly* 13 (1963) 1–18.

CONTRERAS Lidia, *Ortografía y grafémica*, Visor, Madrid 1995.

CONWAY Robert Seymour, (rec. Hammarström, *Beiträge…*) *The Classical Review* 36 (1922) 126–127.

COULMAS Florian, *The Writing Systems of the World*, Oxford–Cambridge (Mass.) 1991.

CRISTOFANI Mauro, «Rapporto sulla diffusione della scrittura nell'Italia antica», *Scrittura e Civiltà* 2 (1978) 5–33.

DEL CASTILLO HERRERA Marina, *La métrica latina en el siglo* IV. *Diomedes y su entorno*, Universidad de Granada, Granada 1990.

DELLA CASA Adriana, «L'alfabeto e la pronuncia del latino», *Introduzione allo studio della cultura classica*, Marzorati, Milán 1973, II 363–380.

DESBORDES Françoise, *Idées romaines sur l'écriture*, Presses Universitaires du Septentrion, Lille 1990.

DEVINE Andrew Mackay, «Language and Alphabet: Further Parallels», *Orbis* 20 (1971) 347–355.

DEVOTO Giacomo, *Storia della lingua di Roma*, Bolonia 1987 reimpr., vol. I.

DOÑAS BELEÑA Antonio, «Algunas consideraciones sobre el alfabeto de Úlfilas», F. Arenas-Dolz & L. Folgado Bernal edd., *La voz de la piedra. Entre arqueología y lenguaje*, Vicerrectorado de Estudiantes de la Universidad de Valencia – Symposion Asociación Cultural, Valencia 2002, 91–110.

ERNOUT Alfred, «Le parler de Préneste d'après les inscriptions», *Mémoires de la Société Linguistique de Paris* 13 (1905) 293–349 ("Alphabet et graphie", 306–315).

FARIA Ernesto, *Fonética Histórica do Latim*, Livraria Acadêmica, Río de Janeiro 1975_2.

FLOBERT Pierre, «L'apport des inscriptions archaïques à notre connaissance du latin prélittéraire», *Latomus* 50 (1991) 521–543.

FOHALLE René, «À propos de κυβερνᾶν GVBERNARE», *Mélanges linguistiques offerts à M.J. Vendryes par ses amis et ses élèves*, É. Champion, París 1925, 157–178.

FÖLDES–PAPP Károly, *Vom Felsbild zum Alphabet. Die Geschichte der Schrift*, Belser, Stuttgart–Zürich 1987.

GAUR Albertine, *Historia de la Escritura,* trad. M. Carrión, Fundación Germán Sánchez Ruipérez, Madrid 1990.

GELB Ignace J., *Historia de la escritura*, trad. A. Adell, Alianza Editorial, Madrid 1976.

GOIDÀNICH Pier Grabriele, «Di una presunta norma ortografica nelle antiche epigrafi», *Studi Etruschi* 14 (1940) 175–181.

GONZÁLEZ DE LA CALLE Pedro Urbano, *Varia. Notas y apuntes sobre temas de letras clásicas*, Librería general de Victoriano Suárez, Madrid 1916.

GORDON Arthur E., «On the Origins of the Latin Alphabet. Modern Wiews», *California Studies in Classical Antiquity* 2 (1969) 157–170.

The Letter Names of the Latin Alphabet, University of California Press, Berkeley–Los Ángeles–Londres 1973.

HAHN E. Adelaide, «Quintilian on Greek Letters Lacking in Latin and Latin Letters Lacking in Greek (12.10.27–29)», *Language* 17 (1941) 24–32.

HAMMARSTRÖM Magnus, *Beiträge zur Geschichte des etruskischen, lateinischen und griechischen Alphabets*, Druckerei der Finnischen literatur–gesellschaft, Helsingfors 1920.

HARRINGTON Karl Pomeroy, «Was There a Letter Z in Early Latin?», *Transactions and Proceedings of the American Philological Association* 29 (1898) XXIV–VI.

HEMPL George, «The Origins of the Latin Letters G and Z», *Transactions and Proceedings of the American Philological Association* 30 (1889) 24–41.

HERRERO LLORENTE Víctor–José, *La lengua latina en su aspecto prosódico*, Gredos, Madrid 1971.

HODGMAN Arthur Winfred, «Latin Equivalents of Punctuation Marks», *The Classical Journal* 19 (1924) 403–417.

JORDÁN CÓLERA Carlos, «¿Sistema dual de escritura en celtibérico?», *Palaeohispanica* 5 (2005) 1013–1030.

KEIL Heinrich, *Grammatici latini*, Hildesheim 1961 reimpr., VII voll (suppl. VIII).

KENT Roland Grubb, «Lucilius on EI and I», *American Journal of Philology* 32 (1911) 272–293.

«Dissimilative Writings for ii and iii in Latin», *Transactions and Proceedings of the American Philological Association* 43 (1912) 35–56.

«Zu den orthographischen Regeln des Lucilius», *Glotta* 4 (1913) 299–302.

«Again Lucilius on EI and I», *American Journal of Philology* 34 (1913) 315–321.

The Sounds of Latin; a descriptive and historical phonology, Kraus, N. York 1966 (= 1932).

KLEIN Josef, «Zu den versus Scotti cuiusdam de alphabeto», *Rheinisches Museum für Philologie* 31 (1876) 465–469.

KLOTZ Alfred, «Über einen Sprachgebrauch Catos», *Rheinisches Museum für Philologie* 80 (1931) 137–143.

KÜHNER Raphael & HOLZWEISSIG Friedrich, *Ausführliche Grammatik der lateinischen Sprache*, Wissenschaftliche Buchgesellschaft, Hannover 1966 [= 1912_2], vol. I.

LAZZERONI Romano, «La ‘geminatio uocalium’ nelle iscrizioni latine», *Annali della Scuola Normale di Pisa* 25 (1956) 124–135.

LEJEUNE Michel, «Sur les adaptations de l’alphabet étrusque aux langues indo–européennes d’Italie», *Revue des Études Latines* 35 (1957) 88–105.

«Les notations de F dans l’Italie ancienne», *Revue des Études Latines* 44 (1966) 141–181.

«Mézence, d’un zêta à l'autre», *Revue des Études Latines* 66 (1988) 50–54.

(rec. Desbordes, *Idées*...), *Latomus* 52 (1992) 702–703.

LEUMANN Manu, *Lateinische Laut– und Formenlehre*, C.H. Beck, Munich 1963.

LINDSAY Wallace Martin, *The Latin Language. An Historical Account of Latin Sounds, Stems and Flexions*, Hafner Pub. Co., N. York–Londres 1963 [= 1894].

LÓPEZ DE AYALA Y GENOVÉS Mª Josefa, *Efectos de la persistencia del grafema K*, (diss.), Universidad Complutense, Madrid, 1989.

MAJEWICZ Alfred Franciszek, *Języki świata i ich klasyfikowanie*, Państwowe Wydawnictwo Naukowe, Varsovia 1989.

MARICHAL Robert, «L'écriture latine et l'écriture grecque du Ier au VIer siècle», *L'Antiquité Classique* 19 (1950) 111–45.

MARINER BIGORRA Sebastián, (rec. Wingo, *Latin Punctuation...*) *Emerita* (1975) 281–283.

«Las equivalencias KY = QUI y viceversa, ¿fonéticas o fonológicas?», *Estudios Clásicos* 88 (1984) 129–135.

MARTÍNEZ CELDRÁN Eugenio, *Fonética*, Teide, Barcelona 1984.

MASSON Michel, «A propos des écritures consonantiques», *La Linguistique* 29 (1993) 25–40.

MEILLET Antoine, «Le problème de l'orthographe latine», *Revue des Études Latines* 2 (1924) 28–34.

MEILLET Antoine & VENDRYES Joseph, *Traité de grammaire comparée des langues classiques*, Honoré Champion, París 1953_2.

MÉNDEZ DOSUNA Julián, «On <Z> for <D> in Greek dialectal inscriptions», *Sprache* 35 (1991/3) 82–114.

MOMMSEN Theodor, «Die Wiedergabe des griechischen Φ in lateinischer Schrift», *Hermes* 14 (1879) 65–76.

«Zahl– und Bruchzeichen», *Hermes* 22 (1887) 596–614.

MOORE Clifford Herschel, «Cato's Final *m*: a Note to Quint. *Inst. Or.* I 7,23; IX 4,39», *The American Journal of Philology* 19 (1898) 312–313.

MORALEJO José Luis, *Notación de la aspiración consonántica en el latín de la República*, Editrice Compositori Bologna, Bolonia 1968.

«Notas sobre la grafía Y en inscripciones latinas», *Cuadernos de Filología Clásica* 4 (1972) 165–185.

«Sobre vocales largas latinas», *Archivum* 31/2 (1981/2) 557–91.

«La "orientación fonológica" de la escritura latina», *Humanitas in honorem A. Fontán*, Madrid 1992, 47–54.

NAKANISHI Akira, *Writing Systems of the World. Alphabets. Syllabaries. Pictograms*, Charles E. Tuttle Company, Rutland – Tokio 1991_2.

NAVARRO CABALLERO Milagros, *La epigrafía romana de Teruel*, Instituto de Estudios Turolenses, Teruel 1994.

NIEDERMANN Max, *Précis de phonétique historique du latin*, Librairie C. Klincksieck, París 1953_4.

NÚÑEZ CONTRERAS Luis, *Manual de paleografía. Fundamentos e historia de la escritura latina hasta el siglo VIII*, Madrid 1994.

OLIVER Revilo P., «Apex and Sicilicus», *American Journal of Philology* 87 (1966) 129–170.

PEETERS Félix, «À propos des lettres de l'alphabet latin», *Révue Belge de Philologie et d'Histoire* 7 (1928) 571–579.

PERL Gerhard, «Die Einführung der griechischen Buchstaben Y und Z in das lateinische Alphabet», *Philologus* 115 (1971) 196–233.

PERUZZI Emilio, «Testi latini arcaici dei Marsi», *Maia* 14 (1962) 117–140.

PISANI Vittore, «Die römischen Zahlzeichen, ein älteres römisches Alphabet und lat. mille», *Rheinisches Museum* 96 (1953) 89–93.

POSTGATE John Percival, «Notes on Some Moot Questions of the Latin Alphabet», *The Classical Review* 15 (1901) 217–220.

RITSCHL Friedrich, «Zur Geschichte des Lateinischen Alphabets», *Rheinisches Museum* 24 (1869) 1–32.

PULGRAM Ernst, «Phoneme and Grapheme: a Parellel», *Word* 7.1 (1951) 15–20.

REISIG Christian Karl & HAGEN Hermann, *Vorlesungen über lateinischen Sprachwissenschaft*, Dr. Martin Sändig oHG, Walluf bei Wiesbaden 1972 [= 1881].

RITSCHL Friedrich, «Zur Geschichte des lateinischen Alphabets», *Rheinisches Museum* 24 (1869) 1–32 y 132–3.

RIX Helmut, «Buchstabe, Zahlwort und Ziffer im alten Mittellatein», *Studi linguistici in onore di Vittore Pisani*, Paideia, Brescia 1969, II 845–856.

RODRÍGUEZ ADRADOS Jesús Víctor, «Usos de la í longa en CIL II», *Emerita* 39 (1971) 159–168.

«Grafemática y fonología: la í longa», *Actas V Congreso español de Estudios clásicos*, Sociedad Española de Estudios Clásicos, Madrid 1976, 169–175.

RUIZ Elisa, *Hacia una semiología de la escritura*, Fundación Germán Sánchez Ruipérez, Madrid 1992.

SAFAREWICZ Jan, *Zarys historii języka łacińskiego*, Ossolineum. Wydawnictwo Polskiej Akademii Nauk, Wrocław 1986.

SANDOZ Claude, «Le nom de la "lettre" et les origines de l'écriture à Rome», *Museum Helveticum* 84 (1991) 216–219.

SCHARLIPP Wolfgang–Ekkehard & BACK Dieter, *Einführung in die tibetische Schrift,* Helmut Buske Verlag, Hamburgo 1989.

SCHMIDT Johannes, «Alphabet», *Realencyclopädie der Classischen Altertumswissenschaft* 1 (1894) 1612–1629.

SOMMER Ferdinand, «Lucilius als Grammatiker», *Hermes* 44 (1909) 70–7.

SOMMER Ferdinand & PFISTER Raimund, *Handbuch der lateinischen Laut– und Formenlehre*, Universitätsverlag Winter, Heidelberg 1977$_4$.

STOLZ Friedrich & SCHMALZ Joseph Hermann, *Lateinische Grammatik. Laut– und Formenlehre. Syntax und Stylistik*, C. H. Beck, Munich 1910$_4$.

STRZELECKI Władysław, «Orthographie», *Paulys Realenzyklopädie der Klassischen Altertumswissenschaft*, 18.2 (1942) 1456–1484.

«Die lateinischen Buschstabennamen und ihre Geschichte», *Altertum* 4 (1958) 24–32.

STURTEVANT Edgar Howard, *The Pronunciation of Greek and Latin*, The University of Chicago, Groninga 1968_2.

SUÁREZ–MARTÍNEZ Pedro Manuel, «Más sobre el *medius sonus* y la letra Ⱶ de Claudio», L. Unceta Gómez, C. González Vázquez, R. López Gregoris & A. M. Martín Rodríguez coordd., *"Amice benigneque honorem nostrum habes". Estudios lingüísticos en homenaje al profesor Benjamín García–Hernández*, UAM Ediciones, Madrid 2021, 65–74.

«Fonología de las letras de Claudio», *Minerva* 37 (2024) 24–93.

SWOBODA Anton, *P. Nigidii Figuli operum reliquiae*, F. Tempsky, Viena 1889.

THUREAU–DANGIN François, *Le Syllabaire Accadien*, Librairie orientaliste Paul Geuthner, París 1926.

TORRES I GRAELL Albert, *Kanji, la escritura japonesa*, Hiperión, Madrid 1993_5.

TRAINA Alfonso, *L'alfabeto e la pronunzia del latino*, Pàtron, Bolonia 1973_4.

ULLMAN Berthold Louis, «The Etruscan Origin of the Roman Alphabet and the Names of the Letters», *Classical Philology* 22 (1927) 372–377.

USENER Hermann, «Varronischer Excerpte», *Rheinisches Museum* 24 (1869) 94–114.

WALLACE Rex, «Orígenes y desarrollo del alfabeto latino», en W. Senner comp., *Los orígenes de la escritura*, trad. S. Mastrángelo, Siglo veintiuno editores, México 1992, 114–126.

WALDE Alois & HOFMANN Johann Baptist, *Lateinisches etymologysches Worterbuch*, Carl Winter's Universitäts Buchhandlung, Heidelberg 1938_3.

WINGO Elvis OTHA, *Latin Punctuation in the Classical Age*, De Gruyter Mouton, La Haya–París 1972.

ZANGEMEISTER Karl, «Das Stigma in lateinischer Schrift», *Rheinisches Museum* 57 (1902) 170–171.